改訂版

生協の登記手続きの実務

井関 愛
ISEKI AI

はじめに

　本書が最初に出版されてから、早いもので約3年がたちました。その間、平成18年5月1日の「会社法」施行、平成20年12月1日の通称「公益法人関連三法」の施行等数多くの大改正が行われております。「消費生活協同組合法の一部を改正する等の法律」も平成20年4月1日に施行されましたが、その改正は昭和23年に消費生活協同組合法が制定されて以来、実に59年ぶりの抜本的な大改正となりました。

　私個人も、平成17年7月に「くまのき司法書士事務所」を開設して、さらに翌年の事務所移転を経て現在に至り、法律改正に負けず劣らずのめまぐるしい環境の変化を感じる3年となりました。

　そうした折、消費生活協同組合法の改正をうけて、改訂版を出してみないかとのお話を頂戴し、これをお受けして、今回の改訂版の出版をさせていただくことになりました。

　さて、今回は、消費生活協同組合の改正箇所の変更を主とした解説を加え、書式もより見やすいよう配置して改訂し、実務で消費生活協同組合の登記手続きに携わる担当者がより使いやすいように仕上げております。設立から解散にいたるまでに、生協が行う変更手続き及び合併手続きを項目ごとに解説しております。何より、実務に役立てていただけるよう、書式の雛形を多く掲載しました。

　また、不動産登記手続も引き続き掲載することで、売買や相続等による所有権移転手続きのほか、住所・氏名等に変更のあった場合の名義変更手続き、担保権設定・解除等の手続きまでご対応いただけるようになっております。実務で当該手続きが必要になった場合に、必要書類の確認から書類作成までできるように、こちらも書式を多く掲載しました。

　いずれも、登記手続きを担当される方の実務の助けになればと思います。法人登記、不動産登記ともに参考にしていただければ幸いです。

最後に、本書出版にあたり、日本生協連出版部の安達隆様及びオーバーオールの齋藤重幸様には、多大なご迷惑をおかけしたにもかかわらず、大変なご協力をいただきました。この場をお借りして、御礼申し上げます。

2009年3月吉日

司法書士　井関　愛

目　次

はじめに …………………………………………………………………… 3

第1部　法人登記

消費生活協同組合法概説 …………………………………………… 13

Ⅰ　設立登記 …………………………………………………………… 15
1. 設立手続き ……………………………………………………… 15
　設立認可までの流れ …………………………………………… 15
2. 定款 ……………………………………………………………… 17
　（1）定款とは ………………………………………………… 17
　（2）必要的記載事項（法第26条第1項）………………………… 17
　（3）任意的記載事項 ………………………………………… 20
3. 生協設立 ………………………………………………………… 21
4. 登記事項 ………………………………………………………… 21
　　＜書式1　消費生活協同組合設立登記申請書＞ ……………… 22
　　＜書式2　創立総会議事録＞ …………………………………… 24
　　＜書式3　理事会議事録＞ ……………………………………… 26
　　＜書式4　就任承諾書＞ ………………………………………… 27
　　＜書式5　出資引受書＞ ………………………………………… 28
　　＜書式6　委任状＞ ……………………………………………… 29

Ⅱ　変更登記 …………………………………………………………… 30
1. 名称・事業・地域・公告の方法等の変更 ………………………… 30
　　＜書式7　消費生活協同組合変更登記申請書＞ ……………… 31
　　＜書式8　総会議事録＞ ………………………………………… 33
　　＜書式9　委任状＞ ……………………………………………… 35
2. 出資関係の変更 ………………………………………………… 36

出資一口の金額の減少 ……………………………………… 36
　　　　＜書式10　消費生活協同組合変更登記申請書＞ ……… 38
　　　　＜書式11　証明書＞ ……………………………………… 40
　　　　＜書式12　委任状＞ ……………………………………… 41
　　3. 理事の変更 ………………………………………………… 42
　　　　理事会に関する規定 ……………………………………… 43
　　　　＜書式13　消費生活協同組合変更登記申請書＞ ……… 44
　　　　＜書式14　総会議事録＞ ………………………………… 45
　　　　＜書式15　理事会議事録＞ ……………………………… 47
　　　　＜書式16　就任承諾書＞ ………………………………… 48
　　　　＜書式17　委任状＞ ……………………………………… 49
　　4. 事務所の移転 ……………………………………………… 50
　　　　＜書式18　消費生活協同組合主たる事務所
　　　　　　　　　移転登記申請書＞ …………………………… 51
　　　　＜書式19　消費生活協同組合主たる事務所
　　　　　　　　　移転登記申請書＞ …………………………… 52
　　　　＜書式20　総会議事録＞ ………………………………… 54
　　　　＜書式21　理事会議事録＞ ……………………………… 55
　　5. 従たる事務所設置 ………………………………………… 56
　　　　＜書式22　消費生活協同組合従たる事務所
　　　　　　　　　設置登記申請書＞ …………………………… 57

Ⅲ　合併 ………………………………………………………………… 58
　　1. 吸収合併 …………………………………………………… 58
　　　　＜書式23　消費生活協同組合合併による
　　　　　　　　　変更登記申請書＞ …………………………… 61
　　　　＜書式24　合併契約書（吸収合併）＞ ………………… 62
　　　　＜書式25　総会議事録＞ ………………………………… 63
　　　　＜書式26　総会議事録＞ ………………………………… 64
　　　　＜書式27　合併公告＞ …………………………………… 65

＜書式28　催告書＞ ………………………………………………… 66
　　　＜書式29　催告書＞ ………………………………………………… 67
　　　＜書式30　上申書＞ ………………………………………………… 68
　　　＜書式31　上申書＞ ………………………………………………… 69
　　　＜書式32　委任状＞ ………………………………………………… 70
　　　＜書式33　消費生活協同組合合併による
　　　　　　　　解散登記申請書＞ ……………………………………… 71
　2．新設合併 ………………………………………………………………… 72
　　　＜書式34　消費生活協同組合合併による
　　　　　　　　設立登記申請書＞ ……………………………………… 73
　　　＜書式35　合併契約書（新設合併）＞ …………………………… 75
　　　＜書式36　総会議事録＞ …………………………………………… 77
　　　＜書式37　総会議事録＞ …………………………………………… 78
　　　＜書式38　役員選任決議書＞ ……………………………………… 79
　　　＜書式39　理事会議事録＞ ………………………………………… 80
　　　＜書式40　就任承諾書＞ …………………………………………… 81
　　　＜書式41　委任状＞ ………………………………………………… 82
　　　＜書式42　消費生活協同組合合併による
　　　　　　　　解散登記申請書＞ ……………………………………… 83

Ⅳ　解散 ……………………………………………………………………… 84
　1．解散組合の継続 ………………………………………………………… 85
　2．清算 ……………………………………………………………………… 85
　　　＜書式43　消費生活協同組合解散及び
　　　　　　　　代表清算人就任登記申請書（法定清算人の場合）＞ … 87
　　　＜書式44　総会議事録＞ …………………………………………… 89
　　　＜書式45　委任状＞ ………………………………………………… 90

第2部　不動産登記

Ⅰ　不動産登記概説 …………………………………………… 93
 1．不動産登記とは ………………………………………… 93
 2．不動産登記法 …………………………………………… 94
 3．添付書面 ………………………………………………… 95

Ⅱ　所有権保存 ………………………………………………… 98
 1．建物の所有権保存登記 ………………………………… 98
  (1)　総説 …………………………………………………… 98
  (2)　申請適格者 …………………………………………… 98
  (3)　登記申請 ……………………………………………… 99
   ＜書式46　登記申請書＞ ……………………………… 99
   ＜書式47　委任状＞ ………………………………… 101
 2．区分建物の所有権保存登記 ………………………… 102
  (1)　総説 ………………………………………………… 102
  (2)　申請適格者 ………………………………………… 102
  (3)　登記申請 …………………………………………… 102
   ＜書式48　登記申請書＞ …………………………… 103
   ＜書式49　承諾書＞ ………………………………… 105
   ＜書式50　委任状＞ ………………………………… 106

Ⅲ　所有権移転 ……………………………………………… 107
 1．売買による所有権移転 ……………………………… 107
  ＜書式51　登記申請書＞ ……………………………… 108
  ＜書式52　登記原因証明情報＞ ……………………… 110
  ＜書式53　委任状＞ …………………………………… 111
 2．相続による所有権移転 ……………………………… 112
  ＜書式54　登記申請書＞ ……………………………… 113

  ＜書式55　被相続人○○○○相続関係説明図＞……………… 115
  ＜書式56　遺産分割協議書＞ …………………………………… 116
  ＜書式57　委任状＞ ……………………………………………… 117

Ⅳ　所有権登記名義人表示変更・更正 …………………………… 118
  ＜書式58　登記申請書＞ ………………………………………… 119
  ＜書式59　委任状＞ ……………………………………………… 121

Ⅴ　抵当権 ……………………………………………………………… 122
 1．抵当権概説 ………………………………………………………… 122
 2．抵当権設定 ………………………………………………………… 122
  ＜書式60　登記申請書＞ ………………………………………… 124
  ＜書式61　登記原因証明情報＞ ………………………………… 126
  ＜書式62　委任状＞ ……………………………………………… 127
 3．抵当権変更 ………………………………………………………… 128
  ＜書式63　登記申請書＞ ………………………………………… 129
  ＜書式64　委任状＞ ……………………………………………… 131
 4．抵当権移転 ………………………………………………………… 132
  ＜書式65　登記申請書＞ ………………………………………… 133
  ＜書式66　登記原因証明情報＞ ………………………………… 135
  ＜書式67　委任状＞ ……………………………………………… 136
 5．抵当権抹消 ………………………………………………………… 137
  ＜書式68　登記申請書＞ ………………………………………… 138
  ＜書式69　登記原因証明情報＞ ………………………………… 140
  ＜書式70　委任状＞ ……………………………………………… 141

Ⅵ　根抵当権 …………………………………………………………… 142
 1．根抵当権概要 ……………………………………………………… 142
 2．根抵当権設定 ……………………………………………………… 142
  ＜書式71　登記申請書＞ ………………………………………… 144

＜書式72　委任状＞……………………………………… 146
　3．根抵当権変更 ……………………………………………… 147
　　　＜書式73　登記申請書＞…………………………………… 148
　　　＜書式74　委任状＞……………………………………… 150
　4．根抵当権移転 ……………………………………………… 151
　　　＜書式75　登記申請書＞…………………………………… 152
　　　＜書式76　委任状＞……………………………………… 154
　5．根抵当権抹消 ……………………………………………… 155
　　　＜書式77　登記申請書＞…………………………………… 156
　　　＜書式78　登記原因証明情報＞………………………… 158
　　　＜書式79　委任状＞……………………………………… 159

付．Q&A

生協の登記Q＆A ………………………………………………… 162
不動産登記Q＆A ………………………………………………… 164
相続に関するQ＆A ……………………………………………… 169

法人登記

第1部

消費生活協同組合法概説

　改正消費生活協同組合法が、平成20年4月1日に施行されました。近年、会社法等大きく改正が行われてきましたが、消費生活協同組合法も59年ぶりに大きな改正が行われました。特に、地域による消費生活協同組合の区域の見直し、事業の種類の拡大、役員に関する規定の見直しは、各組合にとっても影響の大きな部分ではないかと思います。
　改正法における改正点を含め、登記申請にあたっての注意事項を、雛形をご紹介しながら解説したいと思います。

　法人登記とは、法人の組織内容、代表権の有無・範囲等を公示し、第三者にこれを知る機会を与えることにより、取引の安全と迅速を図ることを目的とした制度です。このため、登記事項が発生したときは、その旨を登記することが義務付けられており、また登記を怠った場合についての罰則が定められています。登記事項は各法人法に規定されており、その変更等につき行政庁の認可を必要とする事項もあります

　消費生活協同組合法は、国民の自発的な生活協同組織の発達を図り、もって国民生活の安定と生活文化の向上を期することを目的としています（法第1条）。組合は、その行う事業によって、その組合員及び会員に最大の奉仕をすることを目的とし、営利を目的としてその事業を行ってはいけません（法第9条）。
　消費生活協同組合は、法律の別段の定めのある場合のほか、次の要件を備えなければなりません（法第2条）。
　1. 一定の地域又は職域による人と人との結合であること。
　2. 組合員の生活の文化的経済的改善向上を図ることのみを目的をすること。

3. 組合員が任意に加入し、又は脱退することができること。
4. 組合員の議決権及び選挙権は、出資口数にかかわらず、平等であること。
5. 組合の剰余金を割り戻すときは、主として事業の利用分量により、これを行うこと。
6. 組合の剰余金を出資額に応じて割り戻す場合には、その限度が定められていること。

　消費生活協同組合を設立するには、所定の手続きを経て行政庁の認可を受け、登記をすることで成立し、法人格をもちます。法人格をもつということは、法人が独立した意思を持ち、活動を行うということです。その法人の意思決定を行ったり、業務を執行するための機関として、総会（総代会）や理事・監事があります。総会は組合の意思決定を行い、代表理事は、総会で決定された意思に基づいて業務を執行し、監事は理事の業務執行をチェックします。理事は5名以上、監事2名以上を置かなくてはなりません。

Ⅰ　設立登記

1．設立手続き

設立認可までの流れ

　生協を設立するには、その組合員になろうとする者20名以上が、連合会を設立するには、2以上の組合が発起人となり、設立趣意書、定款案、事業計画書および発起人名簿をつくり、賛成者を募らなければなりません（法第54条）。

　発起人は、経営をしていくのに適当と思われる人数の賛成者ができたとき、または発起人のみを会員とする連合会を設立しようとするときは、創立総会を開かなくてはなりません（法第55条1項）。そして、この賛成者の数は、消費生活協同組合の場合、少なくとも300人以上と法定されています（同2項）。創立総会では、定款および事業計画を議決し、理事及び監事を選挙し、その他設立に必要な事項を決定します（法第56条1項）。創立総会の議事は、組合員たる資格を有する者で、その会日までに発起人に対し、設立の同意を申し出たものの半数以上が出席し、その議決権の三分の二以上でこれを決します（同2項）。

　組合員はその出資口数の多少にかかわらず、各々1個の議決権及び選挙権を有します。ただし、連合会については、会員たる消費生活協同組合の組合員数に基づいて、定款で別段の定めをすることができます（法第17条第1項）。

　創立総会が終了したら発起人は遅滞なく、設立趣意書、定款、事業計画書、創立総会議事録の謄本及び役員名簿を行政庁に提出して、設立認可の申請を行います（法第57条）。当該行政庁は、設立認可の申請があったときには、その組合が法第2条第1項各号に掲げる要件を欠く場合、設立の手続きまたは定款もしくは事業計画の内容が法令または法令に基づいてする行政庁の処分に違反する場合及びその組合が事業を行うに必

要な経営的基礎を欠く等その事業の目的を達成することが著しく困難であると認められる場合を除いては、その設立を認可しなければなりません（法第58条）。そして、認可・不認可の通知は、申請書を受理した日から2カ月以内に発起人に対してしなければなりません（法第59条）。この認可は、認可のあった日から6カ月以内に主たる事務所の所在地で設立登記の申請がされないときは、その効力は失われてしまいます。（法第59条の2）

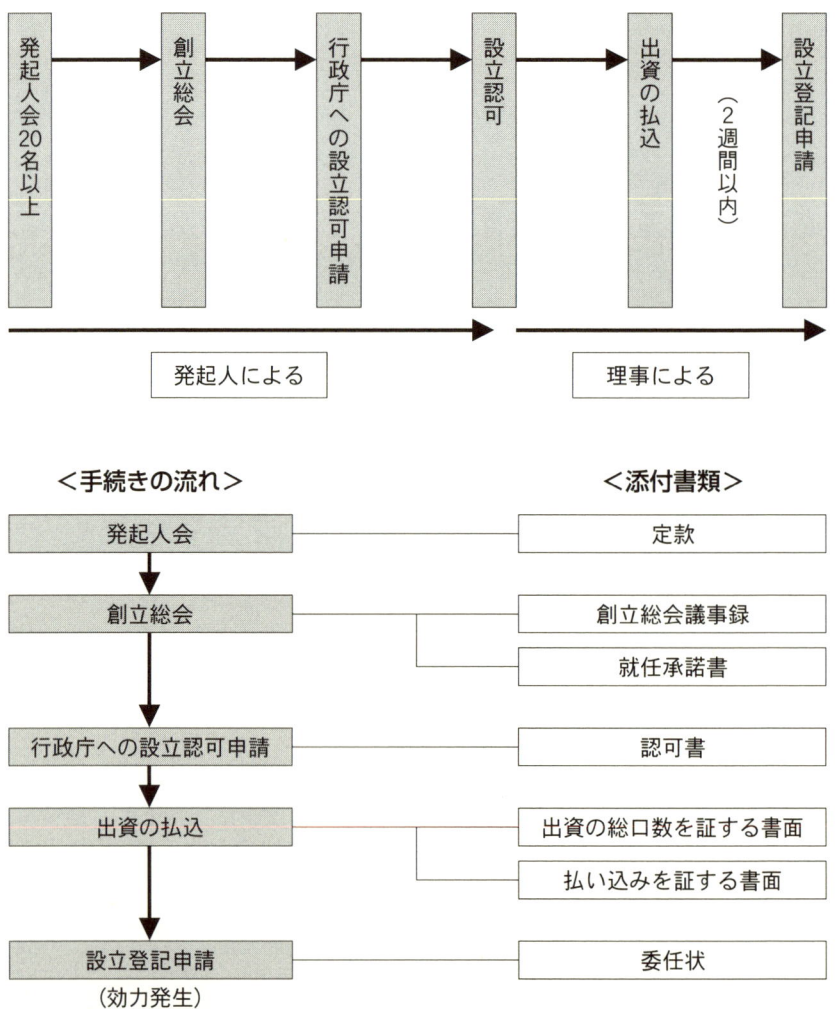

2. 定款

(1) 定款とは

定款とは、消費生活協同組合を設立する際に必ず作成するもので、その組合の基礎となる内容について規定したものです。記載事項については、法26条に法定されている必要的記載事項と、定款の必須要件ではありませんが、定款に記載すると効力を有する任意的記載事項とがあります。

(2) 必要的記載事項（法第26条第1項）

①事業

組合が予定する事業内容について記載します。組合は、その行う事業によって、その組合員及び会員に最大の奉仕をすることを目的とし、営利を目的としてその事業を行うことはできません（法第9条）。組合が行なうことのできる事業には、以下のものがあります（法第10条第1項）。法の改正により、6および7の事業を行うことができるとされました。

1. 組合員の生活に必要な物資を購入し、これに加工もしくは加工しないで、又は生産して組合員に供給する事業
2. 組合員の生活に有用な協同施設を設置し、組合員に利用させる事業
3. 組合員の生活の改善及び文化の向上を図る事業
4. 組合員の生活の共済を図る事業
5. 組合員及び組合従業員の組合事業に関する知識の向上を図る事業
6. 組合員に対する医療に関する事業
7. 高齢者、障害者等の福祉に関する事業であって組合員に利用させるもの
8. 前各号の事業に附帯する事業

4.の事業のうち、共済事業（組合員から共済掛金の支払いを受け、共済事業の発生に関し、共済金を交付する事業であって、共済金額その他の事項に照らして組合員の保護を確保することが必要なものとして厚生

労働省令で定めるものをいう。）又は受託共済事業（共済事業を行っている組合からの委託契約に基づき共済事業の一部を受託して行う事業をいう。）を行う組合は、組合員のために、保険会社（保険業法第2条第2項に規定する保険会社をいう。）その他厚生労働大臣が指定するこれに準ずる者の業務の代理または事務の代行（規則第4条各号に掲げるものに限る。）の事業を行うことができるとされました（法第10条第2項）。

また、共済事業を行う消費生活協同組合であってその収受する共済掛金の総額が施行令第1条第1項で定める基準を超えるもの若しくはその交付する共済金額が同条第2項で定める基準を超えるもの又は共済事業を行う消費生活協同組合連合会は、規則第5条で定めるところにより行政庁の承認を受けた場合を除き、共済事業、受託共済事業並びに5の事業並びにこれらに附帯する事業並びに保険会社等の業務の代理等の事業のほか、他の事業を行うことができないとされました（法第10条第3項）。

連合会は、第1項の事業のほか、会員たる組合の指導、連絡及び調整に関する事業を行うことができます（法第10条第4項）。

②名称

消費生活協同組合又は消費生活協同組合連合会は、その名称中に消費生活協同組合若しくは生活協同組合又は消費生活協同組合連合会若しくは生活協同組合連合会という文字を用いなければなりません（法第3条1項）。

③地域又は職域

組合は、都道府県の区域を越えて、設立することはできません。ただし、職域による消費生活協同組合で止むを得ない事情のあるもの及び消費生活協同組合連合会は、この限りではありません（法第5条）。

改正法では、上記に関わらず地域による消費生活協同組合は、組合員の生活に必要な物資を購入し、これに加工し若しくは加工しないで、又は生産して組合員に供給する事業の実施のために必要がある場合には、当該事業と共済事業とを併せて行う場合を除き、主たる事務所の所在地の都府県および当該都府県に隣接する都府県を区域としてこれを設立することができるとされました（法第5条第2項、規則第2項）。

④事務所の所在地

　事務所の所在地も、登記事項のひとつになります。組合の住所は、その主たる事務所の所在地にあるものとします（法第6条）。また、従たる事務所をおく場合にも、従たる事務所の所在地を登記することになります。

⑤組合員たる資格に関する規定

　消費生活協同組合の組合員たる資格を有する者は、次に掲げる者で定款によって定めるものとされており、法人は組合員になることはできません（法第14条第1項）。

　1、地域による組合にあっては、一定に地域内に住所を有する者
　2、職域による組合にあっては、一定の職域内に勤務する者

⑥組合員の加入及び脱退に関する規定

　消費生活協同組合の組合員は、任意に加入し、又は脱退することができなくてはなりません（法第2条1項）。組合は、その組合員の数を制限することはできません（法第15条第1項）。

⑦出資一口の金額及びその払込の方法並びに一組合員の有することのできる出資口数の最高限度に関する規定

　組合員は、出資一口以上を有しなければならず、出資一口の金額は、組合員たる資格を有する者が通常負担できる程度とし、かつ、均一でなければなりません（法第16条第1項、同条第2項）。一組合員が有することができる出資口数は、組合員の総出資口数の4分の1を超えてはなりません（同条第3項）。

　出資金は、組合を経営していくのにあたって基礎と部分であること及び組合員の負担可能な額を考慮して決定すべきでしょう。

⑧第一回払込の金額
⑨剰余金の処分及び損失の処理に関する規定
⑩準備金の額及びその積立の方法に関する規定
⑪組合員の権利義務に関する規定
⑫事業の執行に関する規定
⑬役員に関する規定

役員の員数は理事5人以上、監事2人以上とされています（法第27条）。改正法において、理事の任期は2年以内において定款で定める期間（法第30条第1項）、監事の任期は4年以内において定款で定める期間（法第30条第2項）です。これは、定款によって、任期中に終了する事業年度のうち最終のものに係る決算に関する通常総会の終結の時まで伸長することができます（法第30条第4項）。

　「なお、設立当時の役員の任期は、創立総会において定める期間とし、その期間は1年を超えてはならない（法第30条3項）とされていますが、設立当時の役員の任期についても、定款によって、任期中に終了する事業年度のうち最終のものに係る決算に関する通常総会の終結まで伸長することができます（法第30条第4項）。」

⑭総会に関する規定

　500人以上の組合員を有する組合は、定款の定めるところにより、総会に代わるべき総代会を設けることができます（法第47条第1項）。

⑮事業年度

⑯公告方法

　改正法では、組合の公告方法として、当該組合の事務所の店頭に掲示する方法のほか、①官報に掲載する方法、②時事に関する事項を掲載する日刊新聞紙に掲載する方法、③電子公告のいずれかの方法を定款で定めることができるとされました（法第26条第3項）。公告方法を電子公告とする場合には、事故その他やむを得ない事由により電子公告による公告をすることができない場合の予備的な公告方法の定めを設けることができます（法第26条第4項）。

⑰共済事業を行うときは、その掛金及び共済金の最高限度

⑱存立の時期又は解散の事由を定めたときは、その時期又は事由

⑲現物出資をする者を定めたときは、その者の氏名、出資の目的たる財産及びその価格並びにこれに対して与える出資口数

(3) 任意的記載事項

　消費生活協同組合法の強行規定に反したり、公序良俗に反したりしな

ければ、定款に任意に規定を記載することができます。任意的記載事項であっても、定款に記載すると定款遵守義務が生じます。

3．生協設立

　認可があったら、発起人は遅滞なく、その事務を理事に引き継がなくてはなりません（法第60条1項）。理事は、引継ぎを受けたら遅滞なく、組合員に出資の第一回の払い込みをさせなければなりません。現物出資がある場合には、現物出資者は、第一回の払い込みの期日に出資の目的たる財産の全部を給付しなければなりません。ただし、登記登録その他権利の設定または移転を第三者に対抗するための必要な行為は、組合成立の後にすることができます（法第60条2項・3項）。

　設立の登記は、出資の第一回の払い込みがあった日から2週間以内に主たる事務所の所在地においてしなくてはなりません（法第74条1項）。

　従たる事務所がある場合には、組合は設立の登記をした後2週間以内に、従たる事務所の所在地において必要事項の登記をしなければなりません（法第81条第1項）。

4．登記事項

　登記の内容は、事業、名称、地域または職域、事務所の所在場所、出資一口の金額及びその払い込みの方法ならびに出資の総口数及び払い込んだ出資の総額、存立時期を定めたときはその時期、代表権を有する者の氏名、住所及び資格、公告方法等です（法第74条第2項）。

　組合は、主たる事務所の所在地において、設立の登記をすることによって成立します（法第61条）。

<書式1>

消費生活協同組合設立登記申請書

1．名　　称　　消費生活協同組合ＡＢＣ

1．主たる事務所　東京都中央区○○町○○番○○号

1．登記の事由　　平成　　年　　月　　日設立手続終了

1．認可書到達の年月日　　平成　　年　　月　　日

1．登記すべき事項　　　別紙のとおり

1．添付書類
　　　定　　款　　　　　　　　　　　　1通
　　　創立総会議事録　　　　　　　　　1通
　　　理事会議事録　　　　　　　　　　1通
　　　就任の承諾を証する書面　　　　　　通
　　　出資の総口数を証する書面　　　　　通
　　　出資の払込みのあったことを証する書面　　通
　　　出資の目的たる財産の給付が
　　　あったことを証する書面　　　　　　通
　　　設立の認可書　　　　　　　　　　1通
　　　委　任　状　　　　　　　　　　　1通

上記のとおり登記の申請をする。

　　　　　　　　　　　　　　　　　　　　平成　　年　　月　　日

　　　　　　東京都中央区○○町○○番○○号
　　　　　　申　請　人　消費生活協同組合ＡＢＣ

　　　　　　東京都千代田区○○町○○番○○号
　　　　　　代表理事　○　○　　○　○

　　　　　　東京都○○区○○町○丁目○番○号
　　　　　　上記代理人　司法書士　○　○　　○　○

東京法務局　御中

別　紙
1.ワードプロセッサー又は邦文タイプライターで記載してください。
2.枠内に記載し、枠内では文字ピッチ・行ピッチを変えないでください。
3.半角／倍角文字、上付／下付文字、下線等の文字装飾は行わないでください。
4.用紙を破ったり、折り曲げたり、汚したり、修正液、修正テープ、糊張りは行わないでください。

株　有　資　名　他
〔(商号) 消費生活協同組合ＡＢＣ〕

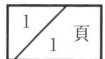

「名称」消費生活協同組合ＡＢＣ
「主たる事務所」東京都中央区〇〇町〇〇番〇〇号
「目的等」
事業 　1．組合員の生活に必要な物資を購入して組合員に供給する事業
「役員に関する事項」
「資格」代表理事
「住所」
「氏名」〇　〇　　〇　〇
「役員に関する事項」
「資格」代表理事
「住所」
「氏名」〇　〇　　〇　〇
「地域」〇市の一円
「出資1口の金額」金　　　円
「出資払込の方法」出資第1回の払込金額は1口につき金　　円とする。
「出資の総口数」〇口
「払い込んだ出資の総額」金　　　円
「存立時期」平成　　年　　月　　日まで
「公告の方法」組合の掲示場に掲示し、かつ〇〇新聞に掲載してこれをする。
「登記記録に関する事項」
設立

訂正印　　申請人印

Ｉ　設立登記　　23

<書式2>

創立総会議事録

　平成　　年　　月　　日午前１０時００分、東京都中央区○○町○○番○○号当組合事務所において創立総会を開催した。
　本日の出席者は次のとおりで、本総会は有効に成立した。
　平成　　年　　月　　日までに設立の同意を申出た者の
　　　総　数　　　　　　名
　　　出席者　　　　　　名
　　　　内訳　本人出席　　　　　　名
　　　　　　　委任状出席　　　　　名
　　　出席発起人　○　○　　○　○（議長）、○　○　　○　○（議事録作成者）、
　　　　　　　　　○　○　　○　○、・・・
　　　設立時理事　○　○　　○　○、○　○　　○　○、　○　○、・・・
　　　設立時監事　○　○　　○　○、○　○

　定刻、司会者として○　○　　○　○が立ち、本総会の議長の選出をしたところ、議長には○　○　　○　○が選挙され議長席に着いた。
　議長は、本組合の本日に至るまでの設立経過につき詳細に説明報告し、満場一致の承認があったので、次の議案の審議に移った。

第１号議案　原始定款承認の件

　議長は、本議案につき各条ごとに説明をなし、その承認を求めたところ、満場異議なく原案のとおり承認可決した。

第２号議案　役員選挙の件

　次に、議長は、本議案の上程に当って、役員選任の方法として選挙の方法で　行う旨を告げ、その投票方法を議場に諮ったところ、単記式無記名投票と決定　したので、ただちに選挙に入り、次の者が理事及び監事に選任された。
　　　　　　理　事　○　○　　○　○
　　　　　　理　事　○　○　　○　○
　　　　　　理　事　○　○　　○　○
　　　　　　理　事　○　○　　○　○
　　　　　　理　事　○　○　　○　○
　　　　　　監　事　○　○　　○　○
　　　　　　監　事　○　○　　○　○
　なお、被選任者は、いずれもその就任を承諾した。

ここで議長は、上記の役員の任期は本総会で定めなければならない旨を告げ、その期間をいつまでとすべきかを諮ったところ、第１回の通常総会終結の時までと決定した。

第３号議案　初年度収支予算案、事業計画案の承認の件

　次に、議長は、本議案につき、さらに配付した原案につき詳細な説明をなし、その承認を諮ったところ、全員異議なく承認可決した。

　以上をもって本日の議事が終了したので、議長は午前１０時３０分閉会を宣した。

　以上の決議を明確にするため、本議事録を作成し、議長、理事及び監事が次に記名押印する。

　　　　　　　　　　　　　　　　　　　　　　　　　平成　　年　　月　　日

消費生活協同組合ＡＢＣ創立総会

　　　　議　　　長　〇〇　〇〇　　　㊞

　　　　設立時理事　〇〇　〇〇　　　㊞

　　　　設立時理事　〇〇　〇〇　　　㊞

　　　　設立時理事　〇〇　〇〇　　　㊞

　　　　設立時理事　〇〇　〇〇　　　㊞

　　　　設立時理事　〇〇　〇〇　　　㊞

　　　　設立時監事　〇〇　〇〇　　　㊞

　　　　設立時監事　〇〇　〇〇　　　㊞

<書式3>

理事会議事録

1．招集年月日　　平成　　年　　月　　日
1．開催日時　　　平成　　年　　月　　日午前　　時　　分
1．開催場所　　　当組合事務所
1．出席した理事の氏名
　　○○　　○○、○○　　○○、○○　　○○、・・・

1．議事の経過の要領及び結果
　本総会の議長の選出をしたところ、議長には○　○　　○　○が選挙され議長席に就任し、議案の審議にはいる。

議案　代表理事選定の件
　議長は、代表理事を選定したい旨を述べたのち、その選任方法を諮った。
　出席理事の中より議長の指名に一任するとの発言があり、満場これを承認したので、議長は次の者を指名し、その賛否を諮ったところ、満場一致で承認可決した。
　よって、議長は、次のとおり選定することに可決された旨を宣した。
　　　　代表理事　　○○　　○○
　　　　代表理事　　○○　　○○
　なお、被選任者は、その就任を承諾した。

　以上をもって本日の議案の全部が終了したので、議長は閉会を宣し午前１０時３０分散会した。

　以上の議決を明確にするため、議長及び出席理事が次に記名押印する。

　　　　　　　　　　　　　　　　　　　　　平成　　年　　月　　日
　ＡＢＣ消費生活協同組合　第　　回理事会

　　　　議　　長　　○○　　○○　　　　㊞

　　　　出席理事　　○○　　○○　　　　㊞

　　　　出席理事　　○○　　○○　　　　㊞

　　　　出席理事　　○○　　○○　　　　㊞

　　　　出席理事　　○○　　○○　　　　㊞

　　　　出席監事　　○○　　○○　　　　㊞

　　　　出席監事　　○○　　○○　　　　㊞

<書式4>

㊞

就 任 承 諾 書

私は、代表理事に選任されましたので、その就任を承諾します。

　　　　　　　　　　　　　　　　　　　　平成　年　月　日

　　東京都千代田区〇〇町〇〇番〇〇号
　　〇　〇　　〇　〇　　　　　　　　　　㊞

消費生活協同組合ＡＢＣ　御中

<書式5>

出 資 引 受 書　　㊞

　私は、本組合の設立の趣旨に賛同し、下記のとおり出資の引受けをいたします。

1．金　　　　円

　　　　　　この出資口数　　　　口
　　　　　　ただし、1口の金額　金　　　　円

　　　　　　　　　　　　　　　　　平成　年　月　日

　　　東京都千代田区〇〇町〇〇番〇〇号
　　　〇　〇　　〇　〇　　　　　　　　㊞

　消費生活協同組合ABC　御中

<書式6>

　　　　　　　　　　　　　　　　　　　　　　　㊞
　　　　　　　委　　任　　状

　　　　　東京都○○区○○町○丁目○番○号
　　　　　　司法書士　○　○　　○　○

　私は、上記の者を代理人と定め、次の権限を委任します。

1．消費生活協同組合ＡＢＣの設立登記の申請に関する一切の件
1．原本還付請求に関する一切の件

　　　　　　　　　　　　　　　平成　　年　　月　　日

　　東京都中央区○○町○○番○○号
　　消費生活協同組合ＡＢＣ
　　代表理事　○　○　　○　○　　　㊞

Ⅱ 変更登記

　登記事項に変更が生じた場合、変更箇所につき変更登記申請が必要になります。変更登記は、変更が生じたときから主たる事務所の所在地においては2週間以内に、また、名称・主たる事務所の所在場所・従たる事務所の所在場所に変更が生じた場合には、従たる事務所の所在地においては3週間以内にその登記をしなくてはなりません（法第75条1項、法第81条第2項、第3項）。そして、その変更事項が定款の記載事項であった場合には、定款変更の決議が必要です。定款変更は、総会の特別決議によります。この特別決議とは、総組合員の半数以上が出席し、その議決権の3分の2以上の多数による決議のことをいいます。

　さらに、変更事項につき、当該行政庁の認可が効力要件になりますので、登記申請は認可後の手続きになります（法第40条第4項）。ただし、事務所の所在地の変更には認可は不要とされ、届出のみでよいとされています（施行規則第159条）。

1. 名称・事業・地域・公告の方法等の変更

　消費生活協同組合の名称等を変更する場合、定款記載事項であるため、定款変更の特別決議をして、行政庁の認可を得る必要があります。

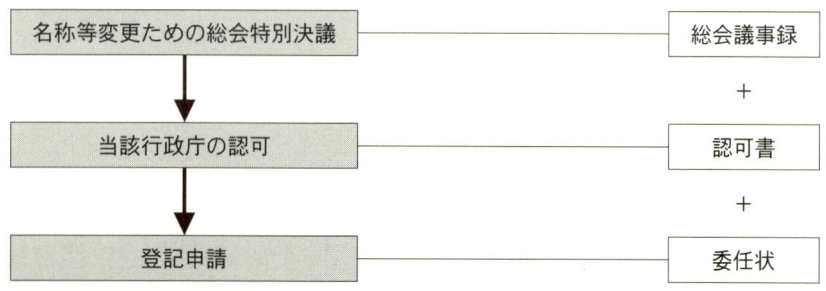

<書式7>

消費生活協同組合変更登記申請書

1．名　　　称　　消費生活協同組合ＡＢＣ

1．主たる事務所　東京都中央区○○町○○番○○号

1．登記の事由　　名称の変更
（1．登記の事由　　地域の変更）
（1．登記の事由　　事業の変更）
（1．登記の事由　　存立時期の変更）
（1．登記の事由　　存立時期の定めの廃止）
（1．登記の事由　　公告の方法の変更）
（1．登記の事由　　出資の払込の方法の変更）

1．認可書到達の年月日　　平成　　年　　月　　日

1．登記すべき事項　　　　別紙のとおり

1．添付書類
　　　総会議事録　　　　　1通
　　　認　可　書　　　　　1通
　　　委　任　状　　　　　1通

　上記のとおり登記の申請をする。

　　　　　　　　　　　　　　　　　　　　　平成　　年　　月　　日

　　　　　東京都中央区○○町○○番○○号
　　　　　申　請　人　ＡＢＣ消費生活協同組合

　　　　　東京都千代田区○○町○○番○○号
　　　　　代表理事　○　○　　○　○

　　　　　東京都○○区○○町○○番○○号
　　　　　上記代理人　司法書士　○　○　　○　○

東京法務局　御中

別　紙
1. ワードプロセッサー又は邦文タイプライターで記載してください。
2. 枠内に記載し、枠内では文字ピッチ・行ピッチを変えないでください。
3. 半角／倍角文字、上付／下付文字、下線等の文字装飾は行わないでください。
4. 用紙を破ったり、折り曲げたり、汚したり、修正液、修正テープ、糊張りは行わないでください。

他　名　資　有　株
〔(商号) 消費生活協同組合ＡＢＣ〕

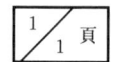

※名称変更の場合
「名称」ＡＢＣ消費生活協同組合
「原因年月日」平成　年　月　日変更
※地域変更の場合
「地域」東京都〇〇区の地域
「原因年月日」平成　年　月　日変更
※事業変更の場合
「事業」 1.
※存立時期変更の場合
「存立時期」組合成立の日から満何年
「原因年月日」平成　年　月　日変更
※存立時期の定めの廃止の場合
「存立時期の定め」
「原因年月日」平成　年　月　日廃止
※公告の方法の変更の場合
「公告の方法」この組合の掲示場に掲示して行い、かつ〇〇新聞に掲載して行なう。
「原因年月日」平成　年　月　日変更
※出資の払込の方法の変更の場合
「出資払込の方法」全額一時払込みとする。
「原因年月日」平成　年　月　日変更

	訂正印	申請人印

32　第Ⅰ部　法人登記

＜書式8＞

総 会 議 事 録

1．開催日時　　平成　　年　　月　　日　午前10時00分
1．開催場所　　当会事務所
1．組合員総数　　　　　　　　名
1．出席組合員数　　　　　　　名
　　内訳　本人出席　　　　　　名
　　　　　委任状出席　　　　　名
1．出席理事　代表理事○　○　　○　○（議事録作成者）、代表理事○　○　○、
　　　　　　　理　　事○　○　　○　○、理　事○　○　　○　○、・・・

1．議長選任の経過
　定刻に至り司会者○　○　　○　○開会を宣し、本日の臨時総会は定数を満たしたので有効に成立した旨を告げ、議長の選任方法を諮ったところ、満場一致をもって出席組合員より○○　○　○を議長に選任した。続いて議長より挨拶の後、議案の審議に入った。

1．議事録署名人選任の件（※）
　議長は、議事録署名人2人を選任したい旨を述べ議場に諮ったところ、満場一致をもって次の者の承認可決した。
　　　　　　議事録署名人　　○　○　　○　○
　　　　　　議事録署名人　　○　○　　○　○

1．議事の経過の要領及び議案別議決の結果
※名称変更の場合
議案　定款変更の件
　議長は、定款第　　条を下記のとおり変更したい旨一同に諮ったところ、満場一致をもって異議なく可決承認した。
　（名称）
　第　　条　本組合は、ＡＢＣ消費生活協同組合と称する。

※地域の変更の場合
議案　定款変更の件
　議長は、定款第　　条を下記のとおり変更したい旨一同に諮ったところ、満場　一致をもって異議なく可決承認した。
　（地域）
　第　　条　本組合の地域は、東京都○○区の地域とする。

※事業の変更の場合
議案　定款変更の件
　議長は、定款第　　条を下記のとおり変更したい旨一同に諮ったところ、満場　一致をもって異議なく可決承認した。
　（事業）
　第　　条　本組合は、第　　条の目的を達成するため、次の事業を行う。
　　　1．

※存立時期の変更の場合
議案　定款変更の件
　議長は、定款第　条を下記のとおり変更したい旨一同に諮ったところ、満場　一致をもって異議なく可決承認した。
　（存立時期）
　第　条　本組合の存立時期は、組合成立の日から満何年とする。

※存立時期の定めの廃止の場合
議案　定款変更の件
　議長は、本組合の存立時期の定めを廃止する理由を詳細に説明し、そのため　定款第　条を下記のとおり変更したい旨一同に諮ったところ、満場一致をもって異議なく可決承認した。
　第　条　削除

※公告の方法の変更の場合
議案　定款変更の件
　議長は、定款第　条を下記のとおり変更したい旨一同に諮ったところ、満場一致をもって異議なく可決承認した。
　（公告の方法）
　第　条　本組合の公告は、この組合の掲示場に掲示して行い、かつ、〇〇新聞に掲載して行なう。

※出資の払い込みの変更の場合
議案　定款変更の件
　議長は、定款第　条を下記のとおり変更したい旨一同に諮ったところ、満場一致をもって異議なく可決承認した。
　（出資の払込方法）
　第　条　出資一口の金額は〇〇円とし、全額一時払込みとする。

　以上をもって本日の議案の全部が終了したので、議長は閉会を宣し午前１０時３０分散会した。

　以上の議決を明確にするため、議長及び議事録署名人が次に記名押印する。

　　　　　　　　　　　　　　　　　　　　　　　　　平成　　年　　月　　日
　ＡＢＣ消費生活協同組合　第　　回臨時総会

　　　議　　　長　〇　〇　　〇　〇　　　　㊞

　　　議事録署名人　〇　〇　　〇　〇　　　　㊞

　　　議事録署名人　〇　〇　　〇　〇　　　　㊞

※定款の規定が、「議長及び総会において選任した組合員２名」となっている場合です。（新模範定款例第５９条）

<書式9>

㊞

委　任　状

　　　東京都○○区○○町○丁目○番○号
　　　司法書士　○　○　　○　○

私は、上記の者を代理人と定め、次の権限を委任します。

1．当組合の名称変更の登記申請に関する一切の件
（1．当組合の地域変更の登記申請に関する一切の件）
（1．当組合の事業変更の登記申請に関する一切の件）
（1．当組合の存立時期変更の登記申請に関する一切の件）
（1．当組合の存立時期の定め廃止の登記申請に関する一切の件）
（1．当組合の公告の方法変更の登記申請に関する一切の件）
（1．当組合の出資の払込の方法の変更の登記申請に関する一切の件）

1．原本還付請求に関する一切の件

　　　　　　　　　　　　　　　　　平成　　年　　月　　日

　　　東京都中央区○○町○○番○○号
　　　ＡＢＣ消費生活協同組合
　　　代表理事　○　○　　○　○

2．出資関係の変更

　出資金は、組合を経営していくのにあたって基礎となる大切な要素です。

　出資の総口数及び払い込んだ出資の総額も登記事項ですが、組合員は組合を任意に加入脱退することができるとされているわけですから、当然出資の総口数も払い込んだ出資の総額も頻繁に変わることが想定されます。その都度登記をするのは、非常に煩雑であるといえます。そこで、消費生活協同組合法では、当該変更については、毎事業年度終了後主たる事務所の所在地においては4週間以内にこの変更登記をすることができるとされています（法第75条2項）。この場合の変更は、総会によって定款変更が必要なわけではありませんので、事業年度が終了した日の事実を監事が証明した証明書のみを添付書類として登記申請することができます。

```
┌──────────┐        ┌──────────┐
│ 当該変更証明 │─────→│ 監事の証明書 │
└──────────┘        └──────────┘
      │                   ＋
      ↓                ┌──────────┐
┌──────────┐        │  委任状   │
│  登記申請  │─────→│          │
└──────────┘        └──────────┘
```

　それでは、出資一口の金額の変更についてはどうでしょうか。もし、仮に組合が勝手に出資一口の金額を減少させることができるとすれば、債権者に不測の損害を与える事にもなり得ます。そこで、出資一口の金額の減少の場合には債権者保護手続きが、が必要とされています。

出資一口の金額の減少

　出資一口の金額の減少を議決したときは、その議決の日から2週間以内に財産目録及び貸借対照表を作成しなくてはなりません（法第49条1項）。ただし、実務上は最終事業年度の決算関係書類で代替可能です。そして組合は、上記期間内に債権者に対して異議があれば1カ月以上の一定の期間内に異議を述べるべき旨を公告し、さらに知れている債権者

に対しては個別に催告をしなくてはなりません（法第49条第3項）。ただし、組合が公告を官報のほか、定款の定めに従い、時事を掲載する日刊新聞紙や電子公告にてするときは、各別の催告は不要になります（法第49条第5項）。

　債権者が一定の期間内に異議を述べなかったときは、承認したものとみなし、異議を述べたときは、出資一口の金額を減少してもその債権者を害するおそれがない場合を除き、組合は、弁済し、もしくは相当の担保を供し、又はその債権者に弁済を受けさせることを目的として、信託会社もしくは信託業務を行う銀行に相当の財産を信託しなければなりません（法第49条の2）。

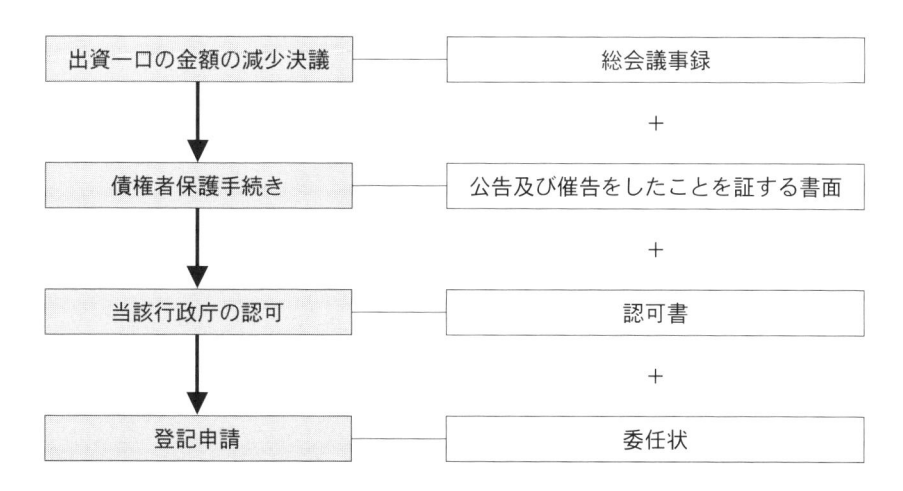

出資一口の金額の減少決議	総会議事録
↓	＋
債権者保護手続き	公告及び催告をしたことを証する書面
↓	＋
当該行政庁の認可	認可書
↓	＋
登記申請	委任状

<書式10>

消費生活協同組合変更登記申請書

1．名　　　称　　消費生活協同組合ＡＢＣ

1．主たる事務所　東京都中央区〇〇町〇〇番〇〇号

1．登記の事由　　出資の総口数及び払込済出資総額の変更

1．登記すべき事項
　　　　　　　　別紙のとおり

1．添付書類
　　出資の総口数及び払込済出資総額の
　　変更を証する監事の証明書　　　　１通
　　委　任　状　　　　　　　　　　　１通

上記のとおり登記の申請をする。

　　　　　　　　　　　　　　　　　　　　平成　　年　　月　　日

　　　　　　東京都中央区〇〇町〇〇番〇〇号
　　　　　　申　請　人　ＡＢＣ消費生活協同組合

　　　　　　東京都千代田区〇〇町〇〇番〇〇号
　　　　　　代表理事　　〇　〇　　〇　〇

　　　　　　東京都〇〇区〇〇町〇〇番〇〇号
　　　　　　上記代理人　司法書士　〇　〇　　〇　〇

東京法務局　御中

別　紙
1. ワードプロセッサー又は邦文タイプライターで記載してください。
2. 枠内に記載し、枠内では文字ピッチ・行ピッチを変えないでください。
3. 半角／倍角文字、上付／下付文字、下線等の文字装飾は行わないでください。
4. 用紙を破ったり、折り曲げたり、汚したり、修正液、修正テープ、糊張りは行わないでください。

株　有　資　名　他
〔(商号) 消費生活協同組合ＡＢＣ〕

1／1 頁

| 「出資の総口数」　　　口 |
| 「払込済出資総額」金　　　　　円 |
| 「原因年月日」平成　年　　月　　日変更 |

訂正印　　申請人印

Ⅱ　変更登記

<書式11>

証　明　書

　当組合の事業年度末日である平成　　年　　月　　日現在における出資の総口数及び払込済出資総額は、次のとおりであることを証明する。

記

　　　　出資の総口数　　　　　　　　　　口

　　　　払込済出資総額　金　　　　　　　　円

　　　　　　　　　　　　　　　　平成　　年　　月　　日

　　　東京都中央区〇〇町〇〇番〇〇号
　　　消費生活協同組合ＡＢＣ
　　　監　事　〇〇　〇〇　　　㊞

　　　　　　　　　　　　　　　　　　　　　㊞

<書式12>

㊞

委　任　状

東京都○○区○○町○丁目○番○号
司法書士　○　○　　○　○

私は、上記の者を代理人と定め、次の権限を委任します。

1．出資の総口数及び払込済出資総額の変更の登記申請に関する一切の件
1．原本還付請求に関する一切の件

平成　　年　　月　　日

東京都中央区○○町○○番○○号
消費生活協同組合ＡＢＣ
代表理事　○　○　　○　○　　　㊞

3．理事の変更

　本改正において、役員に関する規定が見直されました。欠格事由が新設されたり、任期の見直しがなされたほか、組合の機関に関しても見直しがなされ、理事会の必置化等の規定が置かれました。また、登記事項としても、従来組合の理事は各自が代表権を有し、理事全員の氏名住所が登記事項でしたが、改正法では、理事会は理事の中から組合を代表する代表理事を選定しなければならないとして、代表理事のみを登記事項としています（法第30条の9）。

　役員の登記については代表権を有する者の氏名、住所及び資格が登記事項とされておりますので（法第74条第2項）、代表理事に変更が生じた場合は変更登記申請が必要になります。役員の任期は、理事が2年以内において定款で定める期間、監事が4年以内において定款で定める期間とし、定款によって任期中に終了する事業年度のうち最終のものにかかる決算に関する通常総会の終結まで伸長することができます（法第30条）。代表理事については同人が引き続き再任された場合でも変更（重任）の登記が必要になります。そのほか、代表理事の変更登記が必要な場合とは、就任した場合、任期満了により退任の場合、死亡や解任・辞任の場合などが考えられます。

　なお、監事については登記事項ではありませんので、変更が生じても登記申請の必要はありません。

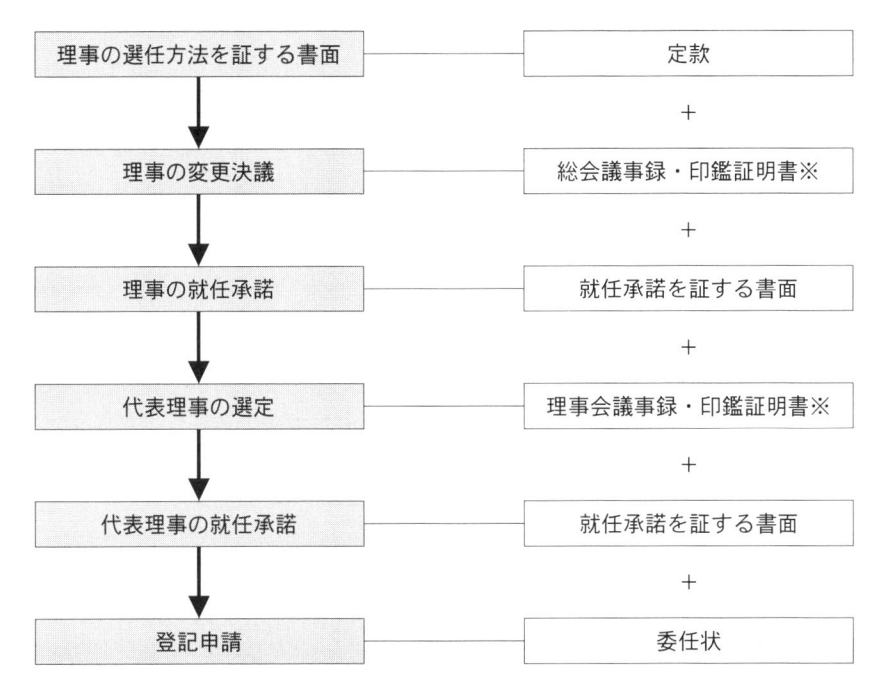

```
理事の選任方法を証する書面 ──── 定款
            │                    ＋
            ▼
理事の変更決議 ──────── 総会議事録・印鑑証明書※
            │                    ＋
            ▼
理事の就任承諾 ──────── 就任承諾を証する書面
            │                    ＋
            ▼
代表理事の選定 ──────── 理事会議事録・印鑑証明書※
            │                    ＋
            ▼
代表理事の就任承諾 ────── 就任承諾を証する書面
            │                    ＋
            ▼
登記申請 ────────────── 委任状
```

※理事会に出席した理事および監事が理事会議事録に押印した印鑑についての市区町村長作成の印鑑証明書を添付しなければならないとされていますが、理事会に従前の代表理事が記名押印し、その押印に係る印鑑がその者が登記所に提出している印鑑と同一であるときは、上記印鑑証明書の添付を要しません。なお、就任承諾書の印鑑については印鑑証明書の添付は必要ありません。

理事会に関する規定

　理事会の決議は、議決に加わることができる理事の過半数が出席し、その過半数をもって行います（法第30条の5第1項）。

　理事会の議事録には、開催された日時および場所、議事の経過の要領およびその結果、出席した理事、監事等の氏名、議長の氏名等を記載するものとされ、出席した理事および監事は署名または記名押印、電磁的記録での作成の場合には電子署名をしなければなりません（法30条の5第3項、法規則第60条）。

＜書式13＞

消費生活協同組合変更登記申請書

1．名　　　称　　消費生活協同組合ＡＢＣ

1．主たる事務所　東京都中央区○○町○○番○○号

1．登記の事由　　代表理事の変更

1．登記すべき事項
　　　　　　　別紙のとおり

1．添付書類
　　総会議事録　　　　　　　　　1通
　　理事会議事録　　　　　　　　1通
　　就任の承諾を証する書面　　　　通
　　印鑑証明書　　　　　　　　　　通
　　委　任　状　　　　　　　　　1通

上記のとおり登記の申請をする。

　　　　　　　　　　　　　　　平成　　年　　月　　日

　　　　　東京都中央区○○町○○番○○号
　　　　　申　請　人　消費生活協同組合ＡＢＣ

　　　　　東京都千代田区○○町○○番○○号
　　　　　代表理事　○○　　○○

　　　　　東京都○○区○○町○丁目○番○号
　　　　　司法書士　○○　　○○

東京法務局　御中

<書式14>

総 会 議 事 録

1．開催日時　　平成　年　月　日　午前１０時００分
1．開催場所　　当組合事務所
1．組合員総数　　　　　　名
1．出席組合員数　　　　　名
　　　内訳　本人出席　　　　　　名
　　　　　　委任状出席　　　　　名
1．出席理事　代表理事○　○　　○　○（議事録作成者）、代表理事○　○　　○　○、
　　　　　　　理　　事○　○　　○　○、理　事○　○　　○　○、・・・

1．議長選任の経過
　定刻に至り司会者○　○　　○　○開会を宣し、本日の通常総会は定数を満たしたので有効に成立した旨告げ、議長の選任方法をはかったところ、満場一致をもって出席組合員より○　○　　○　○が議長に選任された。続いて議長より挨拶の後、議案の審議に入った。

1．議事の経過の要領及び議案別議決の結果
第１号議案　平成　　年度事業決算報告及び書類の承認を求める件
　監事○　○　　○　○から詳細な説明をした後、これを議場に諮ったところ、満場一致をもって異議なく承認した。
第２号議案　理事任期満了による改選の件
　議長は、平成　年　月　日をもって理事全員任期満了となるので、その改選について一同に諮ったところ、満場一致をもって次の者を理事に選任した。
　　　　　理　事　○○　　○○　（重任）
　　　　　理　事　○○　　○○　（重任）
　　　　　理　事　○○　　○○　（重任）
　　　　　理　事　○○　　○○　（重任）
　　　　　理　事　○○　　○○　（重任）
　なお、被選任者は、その就任を承諾した。
第３号議案　議事録署名人選任の件（※）
　次に、議長は、本会の議事録署名人の選任を議場に諮ったところ、満場一致をもって次の者を選任した。
　　　　　議事録署名人　　○○　　○○
　　　　　議事録署名人　　○○　　○○

以上をもって本日の議案の全部が終了したので、議長は閉会を宣し午前１０時３０分散会した。
以上の議決を明確にするため、議長及び議事録署名人が次に記名押印する。

平成　年　月　日

ＡＢＣ消費生活協同組合　第　　回通常総会
　　　議　　　長　○○　　○○　　　㊞

　　　議事録署名人　○○　　○○　　　㊞

　　　議事録署名人　○○　　○○　　　㊞

※定款の規定が、「議長及び総会において選任した組合員２名」となっている場合です。（新模範定款例第５９条）

別　紙　1.ワードプロセッサー又は邦文タイプライターで記載してください。
　　　　2.枠内に記載し、枠内では文字ピッチ・行ピッチを変えないでください。
　　　　3.半角／倍角文字、上付／下付文字、下線等の文字装飾は行わないでください。
　　　　4.用紙を破ったり、折り曲げたり、汚したり、修正液、修正テープ、糊張りは行わないでください。

株　有　資　名　他
〔(商号) 消費生活協同組合ＡＢＣ〕

1/1 頁

「役員に関する事項」
「資格」代表理事
「住所」
「氏名」〇〇〇〇
「原因年月日」平成　　年　　月　　日重任
「役員に関する事項」
「資格」代表理事
「住所」
「氏名」〇〇〇〇
「原因年月日」平成　　年　　月　　日重任

訂正印　　申請人印

46　　第Ⅰ部　法人登記

＜書式15＞

理事会議事録

1．招集年月日　　　平成　　年　　月　　日
1．開催日時　　　　平成　　年　　月　　日　午前　　時　　分
1．開催場所　　　　当組合事務所
1．出席した理事の氏名
　　○○　　○○、○○　　○○、○○　　○○、・・・

1．議事の経過の要領及び結果
　　定款○条の規定により、代表理事○　○　　○　○が議長に就任し、議案の審議にはいる。

議案　代表理事選定の件
　　議長は、代表理事が理事の任期満了により、代表理事を退任することになるので、後任者を選定したい旨を述べたのち、その選任方法を諮った。
　　出席理事の中より再度重任を要望する発言があり、その賛否を諮ったところ、満場一致をもってこれに賛成した。
　　よって、議長は、次のとおり再選重任することに可決された旨を宣した。
　　　　　代表理事　　○○　　○○
　　　　　代表理事　　○○　　○○
　　なお、被選任者は、その就任を承諾した。

　　以上をもって本日の議案の全部が終了したので、議長は閉会を宣し午前10時30分散会した。

　　以上の議決を明確にするため、議長及び出席理事が次に記名押印する。

　　　　　　　　　　　　　　　　　　　　　　　　　　　　平成　　年　　月　　日
　ＡＢＣ消費生活協同組合　第　　回理事会

　　　　　議　　長　　○○　　○○　　　㊞

　　　　　出席理事　　○○　　○○　　　㊞

　　　　　出席理事　　○○　　○○　　　㊞

　　　　　出席理事　　○○　　○○　　　㊞

　　　　　出席理事　　○○　　○○　　　㊞

　　　　　出席監事　　○○　　○○　　　㊞

　　　　　出席監事　　○○　　○○　　　㊞

<書式16>

　　　　　　　　就　任　承　諾　書　　　　　　㊞

私は、この度代表理事に選任されましたので、その就任を承諾します。

　　　　　　　　　　　　　　　　　　平成　年　月　日

　　　　氏　名　○○　　○○　㊞

　　○○消費生活協同組合　御中

<書式17>

㊞

委　任　状

東京都〇〇区〇〇町〇丁目〇番〇号
司法書士　〇〇　〇〇

私は、上記の者を代理人と定め、次の権限を委任します。

1．当法人の代表理事の変更の登記申請に関する一切の件
1．原本還付請求に関する一切の件

平成　年　月　日

東京都中央区〇〇町〇〇番〇〇号
消費生活協同組合ＡＢＣ
代表理事　〇〇　〇〇　　㊞

4．事務所の移転

　事務所の所在地は、定款の記載事項と定められていますが、最小行政区域までを定めていればよく、具体的に事務所の所在場所までを定款に記載する必要はありません。そのため、最小行政区域内の移転であれば、定款変更も必要ないということになります。

　事務所移転については、行政庁の認可は必要ありません。届出が必要になります。

　組合が主たる事務所を移転したときは、2週間以内に旧所在地において移転の登記をし、新所在地においては設立の登記と同内容の登記をし、従たる事務所を移転したときは、旧所在地においては3週間以内に移転の登記をし、新所在地においては4週間以内に、名称、主たる事務所の所在場所および従たる事務所の所在場所を登記しなくてはなりません（法第76条1項、第82条）。ただし、同一の登記所の管轄区域内において主たる事務所又は従たる事務所を移転したときは、その移転の登記をすることをもって足ります。

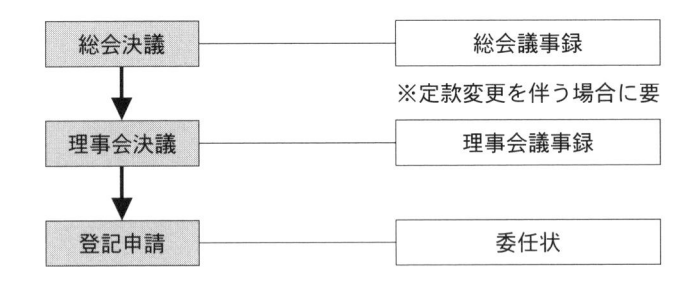

```
総会決議  ──────  総会議事録
  ↓
           ※定款変更を伴う場合に要
  ↓
理事会決議 ──────  理事会議事録
  ↓
登記申請  ──────  委任状
```

※主たる事務所を同一管轄登記所内で移転する場合、または主たる事務所を登記所の管轄外に移転し、その旧所在地で申請する場合

<書式18>

消費生活協同組合主たる事務所移転登記申請書

1．名　　称　　消費生活協同組合ＡＢＣ

1．主たる事務所　　東京都中央区〇〇町〇〇番〇〇号　※1

1．登記の事由　　主たる事務所移転

1．登記すべき事項　　平成〇年〇月〇日主たる事務所移転
　　　　　　　　　　主たる事務所　東京都〇〇区〇〇町〇〇〇〇　※2

1．添付書類
　　総会議事録　　　　　　1通
　　理事会議事録　　　　　1通
　　委任状　　　　　　　　1通

上記のとおり登記の申請をする。

　　　　　　　　　　　　　　　　　　　　　平成　　年　　月　　日

　　　東京都〇〇区〇〇町〇〇〇〇　※2
　　　申　請　人　消費生活協同組合ＡＢＣ

　　　東京都千代田区〇〇町〇〇番〇〇号
　　　代表理事　　〇　〇　　〇　〇

　　　東京都〇〇区〇〇
　　　上記代理人　司法書士　〇　〇

東京法務局　御中　※3

※1　主たる事務所の旧所在地を記載します。
※2　主たる事務所の新所在地を記載します。
※3　主たる事務所を登記所の管轄外に移転するときは、旧所在地管轄の登記所に提出する申請書と、新所在地管轄の登記所に提出する申請書は同時に、旧所在地管轄の登記所に提出します。

※主たる事務所を登記所の管轄外に移転し、その新所在地で申請する場合

＜書式19＞

消費生活協同組合主たる事務所移転登記申請書

1．名　　称　　消費生活協同組合ＡＢＣ

1．主たる事務所　東京都〇〇区〇〇町〇〇〇〇　※1

1．登記の事由　　主たる事務所移転

1．登記すべき事項
　　　別紙のとおり　※2

1．添付書類
　　　委　任　状　　　　　　　　　　1通

　　上記のとおり登記の申請をする。

　　　　　　　　　　　　　　　　　　　平成　　年　　月　　日

　　　　　東京都〇〇区〇〇町〇〇〇〇　※3
　　　　　申　請　人　消費生活協同組合ＡＢＣ

　　　　　東京都千代田区〇〇町〇〇番〇〇号
　　　　　代表理事　　〇　〇　　〇　〇

　　　　　東京都〇〇区〇〇
　　　　　上記代理人　司法書士　〇　〇

　　東京法務局〇〇出張所　御中　※4

※1　新所在地を記載します。
※2　登記すべき事項は、登記事項を全部記載します。この場合には、代表理事の就任の旨及び年月日の記載もする必要があります。
※3　新所在地を記載します。
※4　主たる事務所の新所在地を管轄する登記所宛とし、旧所在地管轄の登記所に提出する申請書と同時に旧所在地管轄の登記所に提出する必要があります。

別　紙

1. ワードプロセッサー又は邦文タイプライターで記載してください。
2. 枠内に記載し、枠内では文字ピッチ・行ピッチを変えないでください。
3. 半角／倍角文字、上付／下付文字、下線等の文字装飾は行わないでください。
4. 用紙を破ったり、折り曲げたり、汚したり、修正液、修正テープ、糊張りは行わないでください。

株有資名他	1／1頁
〔(商号) 消費生活協同組合ＡＢＣ〕	

「名称」消費生活協同組合ＡＢＣ

「主たる事務所」東京都〇〇区〇〇町〇〇〇〇

「法人成立の年月日」

平成　　年　　月　　日

「目的等」

目的

1. 組合員の生活に必要な物資を購入して組合員に供給する事業

「役員に関する事項」

「資格」代表理事

「住所」

「氏名」〇　〇　　〇　〇

「原因年月日」平成　　年　　月　　日就任

「役員に関する事項」

「資格」代表理事

「住所」

「氏名」〇　〇　　〇　〇

「原因年月日」平成　　年　　月　　日就任

「資産の総額」金　　　　　円

「登記記録に関する事項」

平成　　年　　月　　日東京都中央区〇〇町〇〇番〇〇号から主たる事務所移転

訂正印　申請人印

II　変更登記　53

<書式20>

総 会 議 事 録

1. 開催日時　　平成　　年　　月　　日　午前１０時００分
1. 開催場所　　当組合事務所
1. 組合員総数　　　　　　　名
1. 出席組合員数　　　　　　名
　　内訳　本人出席　　　　　名
　　　　　委任状出席　　　　名
1. 出席理事　代表理事○　○　　○　○（議事録作成者）、代表理事○　○　　○　○、
　　　　　　　理　　事○　○　　○　○、理　事○　○　　○　○、・・・

1. 議長選任の経過
　定刻に至り司会者○　○　　○　○開会を宣し、本日の臨時総会は定数を満たしたので有効に成立した旨を告げ、議長の選任方法を諮ったところ、満場一致をもって出席組合員より○　○　　○　○を議長に選任した。続いて議長より挨拶の後、議案の審議に入った。

1. 議事の経過の要領及び議案別議決の結果
議案　定款変更の件
　議長は、定款第　　条を下記のとおり変更したい旨一同に諮ったところ、満場一致をもって異議なく可決承認した。
　（主たる事務所）
第　　条　組合の主たる事務所は、東京都○○区に置く。

1. 議事録署名人選任の件（※）

　議長は、議事録署名人２人を選任したい旨を述べ議場に諮ったところ、満場　一致をもって次の者の承認可決した。
　　　　　議事録署名人　　○　○　　○　○
　　　　　議事録署名人　　○　○　　○　○

以上をもって本日の議案の全部が終了したので、議長は閉会を宣し午前１０時３０分散会した。

以上の議決を明確にするため、議長及び議事録署名人が次に記名押印する。

　　　　　　　　　　　　　　　　　　　　　　　　　平成　　年　　月　　日
　　ＡＢＣ消費生活協同組合　臨時総会

　　　　　議　　　長　○　○　　○　○　　　㊞

　　　　　議事録署名人　○　○　　○　○　　　㊞

　　　　　議事録署名人　○　○　　○　○　　　㊞

※定款の規定が、「議長及び総会において選任した組合員２名」となっている場合です。（新模範定款例第５９条）

<書式21>

理事会議事録

1．招集年月日　　平成　　年　　月　　日
1．開 催 日 時　　平成　　年　　月　　日　午前１０時００分
1．開 催 場 所　　当組合事務所
1．出席した理事の氏名
　　　○○　　　○○、○○　　○○、○○　　○○、

1．議事の経過の要領及び結果
　　定款○上の規定により、代表理事○　○　　○　○が議長に就任し、議案の審議にはいる。
議案　主たる事務所移転の件
　　議長は、主たる事務所を下記に移転する旨一同に諮ったところ、満場一致をもって異議なく可決承認した。
　　主たる事務所　東京都○○区○○町○○○○
　　移転の日　平成　　年　　月　　日

　以上をもって本日の議案の全部が終了したので、議長は閉会を宣し午前１０時３０分散会した。

　以上の議決を明確にするため、議長及び出席理事が次に記名押印する。

平成　　年　　月　　日

ＡＢＣ消費生活協同組合　　第　　回理事会

　　　　議　　長　○○　　○○　　　　㊞

　　　　出席理事　○○　　○○　　　　㊞

　　　　出席理事　○○　　○○　　　　㊞

Ⅱ　変更登記　　55

5．従たる事務所設置

　組合の成立後従たる事務所を設けたときは、主たる事務所の所在地においては2週間以内に従たる事務所を設けたことを登記し、その従たる事務所の所在地においては3週間以内に名称、主たる事務所の所在場所および従たる事務所の所在場所を登記をし、他の従たる事務所においては同期間内にその従たる事務所を設けたことを登記しなくてはなりません。なお、主たる事務所又は従たる事務所を管轄する登記所の管轄区域内において新たに従たる事務所を設けたときは、その従たる事務所を設けたことを登記することをもって足ります。

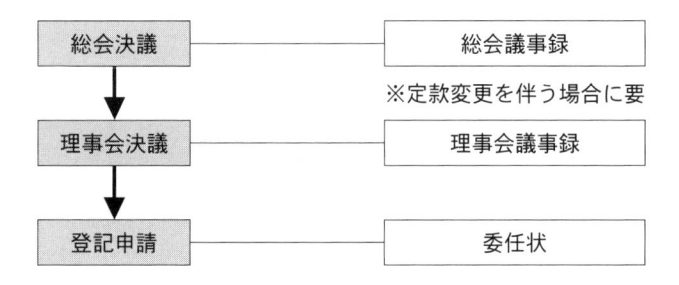

総会決議	―	総会議事録
↓		※定款変更を伴う場合に要
理事会決議	―	理事会議事録
↓		
登記申請	―	委任状

※すでに当該法人の登記がされている登記所に申請する場合

＜書式22＞

消費生活協同組合従たる事務所設置登記申請書

1．名　　称　　消費生活協同組合ＡＢＣ

1．主たる事務所　　東京都中央区○○町○○番○○号

（1．従たる事務所　　東京都中央区○○町○○○○）　　※1

1．登記の事由　　従たる事務所設置

1．登記すべき事項　　平成○年○月○日従たる事務所設置
　　　従たる事務所　東京都○○区○○町○○○○

1．添付書類
　　　総会議事録　　　　　　　　1通
　　　理事会議事録　　　　　　　1通
　　　委　任　状　　　　　　　　1通

　上記のとおり登記の申請をする。

　　　　　　　　　　　　　　　　　　平成　　年　　月　　日
　　　　　東京都○○区○○町○○番○○号
　　　　　申　請　人　消費生活協同組合ＡＢＣ

　　　　　東京都千代田区○○町○○番○○号
　　　　　代表理事　○　○　　○　○

　　　　　東京都○○区○○
　　　　　上記代理人　司法書士　○　○

東京法務局　御中

※1　登記を申請する管轄登記所内にすでに従たる事務所がある場合には、その従たる事務所を記載します。

Ⅲ　合併

　合併には、2以上の組合が合併によって新しく組合を設立する新設合併と、一方の組合がもう一方の組合を吸収する吸収合併があります。

　組合が合併しようとするときは、合併契約を締結し、行政庁の認可を受けなければなりません（法第69条）。合併の効力は、従来登記をすることによって生じるとされていましたが、改正法は吸収合併の場合、登記の日ではなく、効力発生日又は行政庁の認可を受けた日のいずれか遅い日に生ずるとされました（法第70条）。なお、新設合併の場合は、旧法と同様に登記の日に生じます。

　組合が合併したときは、2週間以内に、その主たる事務所の所在地において、合併後存続する組合については変更の登記、合併によって消滅する組合については解散の登記、合併により設立した組合については、設立の登記をしなければなりません（法第78条、78条の2）。

　合併の効果として、合併後存続する組合又は合併によって設立する組合は、合併によって消滅した組合の権利義務を承継します。そしてその中には、その組合がその行う事業に関し、行政庁の許可、認可その他の処分に基づいて有する権利義務が含まれます（法第70条）。

1．吸収合併

　吸収合併とは、一方の法人がもう一方の法人を吸収してする合併で、吸収する側の法人を存続法人、吸収されて消滅する法人を消滅法人といいます。吸収合併の登記は、その効力が生じた日から2週間以内に行わなければなりませんが、存続法人の合併による変更登記と、消滅法人の合併による解散の登記を同時に、かつ消滅法人の解散の登記は吸収合併存続法人の本店所在地を管轄する登記所を経由して申請する必要があり

ます（法第92条準用、商登法第82条第2項3項）。

　まず、合併契約書を作成し、各法人にて合併の承認総会を開催します。この承認は、効力発生日の前日までに受けなければなりません。合併承認の議決は、原則総会の特別議決（総組合員の半数以上が出席し、その議決権の3分の2以上の多数による議決を必要とする。）による必要がありますが、法においては一定の要件のもと総代会において議決することが可能となりました（法第47条の2）。具体的には、総代会において合併の議決があったときには、理事は、当該議決の日から10日以内に、組合員に当該議決の内容を通知しなければならない等です。また、存続組合においては、消滅組合の総組合員数が存続組合の総組合員数の5分の1を超えない場合であって、かつ消滅組合の最終の貸借対照表により現存する総資産額の5分の1を超えない場合の合併については総会の承認を不要としています（法第68条の2第3項）。

　合併の手続きとして、債権者保護手続きをする必要あります。債権者保護手続きとは、合併の承認議決後2週間以内に債権者に対して、合併に異議があれば一定の期間内に申し述べる旨を定款に定められている方法で公告し、かつ知れている債権者に対しては個別に催告しなければなりません。この一定期間は1カ月を下ることはできないとされています。一定期間を過ぎても異議を申し述べなかった債権者については、合併を承認したものとみなします。
　しかし、異議を述べた債権者に対しては、合併によって債権者を害する恐れがない場合を除き、弁済したり、担保を供したり、債権者に弁済をうけさせることを目的として財産を信託会社等に信託しなければなりません（法第49条の2第2項）。
　その後、吸収合併の場合には、存続法人が当該行政庁に対して合併の認可申請を行い、認可書の到着後、登記の申請をします。

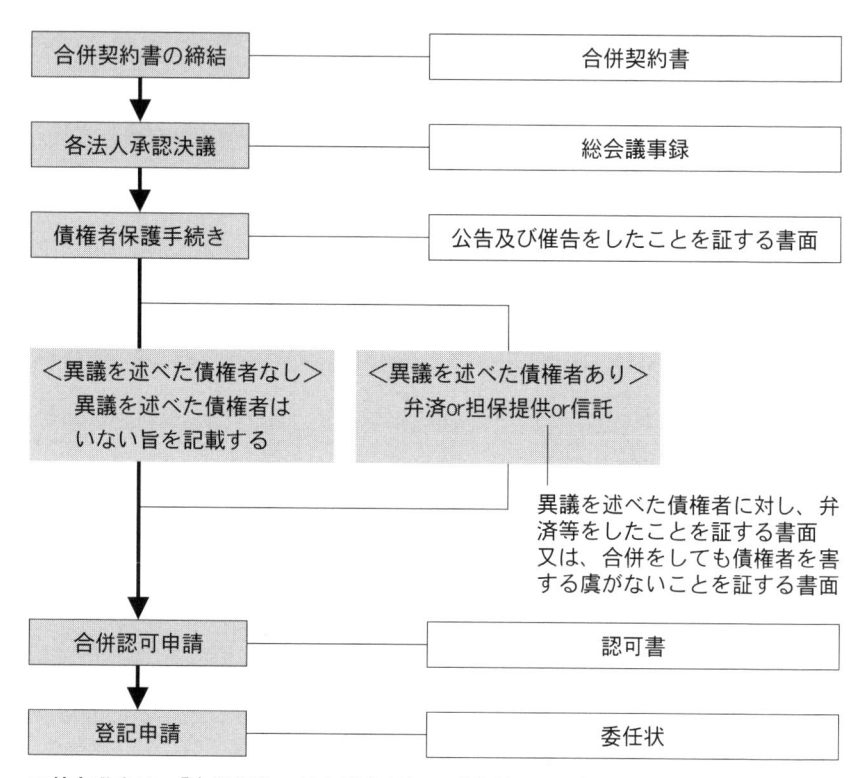

```
合併契約書の締結 ────────── 合併契約書
      ↓
各法人承認決議 ────────── 総会議事録
      ↓
債権者保護手続き ────────── 公告及び催告をしたことを証する書面
      ↓
┌─────────────────┬─────────────────┐
│<異議を述べた債権者なし> │<異議を述べた債権者あり>│
│異議を述べた債権者は   │弁済or担保提供or信託   │
│いない旨を記載する    │            │
└─────────────────┴─────────────────┘
                      異議を述べた債権者に対し、弁
                      済等をしたことを証する書面
                      又は、合併をしても債権者を害
                      する虞がないことを証する書面
      ↓
合併認可申請 ────────── 認可書
      ↓
登記申請 ────────── 委任状
```

※効力発生は、「合併契約の効力発生日」と「合併認可日」のいずれか遅いほうの日

<書式23>

消費生活協同組合合併による変更登記申請書

1. 名　　　　　称　消費生活協同組合ＡＢＣ

1. 主 た る 事 務 所　東京都中央区○○町○○番○○号

1. 登 記 の 事 由　平成　　年　　月　　日吸収合併の手続終了

1. 認可書到達の年月日　平成　　年　　月　　日

1. 登 記 す べ き 事 項　千葉県○○市○○町○○番○○号生活協同組合○○を合併
　　　　　　　　　　　　出資の総口数　　　○口
　　　　　　　　　　　　払い込んだ出資の総額　金　　　円

1. 添付書類
　　　合併契約書　　　　　　　　　　　1通
　　　総会議事録　　　　　　　　　　　2通
　　　出資の総口数及び出資払込の
　　　あったことを証する書面　　　　　1通
　　　消費生活協同組合ＡＢＣの出資の総口数及び出資払込のあったことを
　　　証する書面は、登記簿謄本の記載を援用する
　　　公告及び催告をしたことを証する書面　3通
　　　異議を述べた債権者はいない
　　　認　可　書　　　　　　　　　　　1通
　　　消滅組合の登記事項証明書　　　　1通
　　　委　任　状　　　　　　　　　　　1通

上記のとおり登記の申請をする。

　　　　　　　　　　　　　　　　　　　　　　　　　平成　　年　　月　　日

　　　　　　東京都中央区○○町○○番○○号
　　　　　　申　請　人　消費生活協同組合ＡＢＣ

　　　　　　東京都千代田区○○町○○番○○号
　　　　　　代表理事　○　○　　○　○

　　　　　　東京都○○区○○町○○番○○号
　　　　　　上記代理人　司法書士　○　○　　○　○

東京法務局　御中

<書式24>

合併契約書（吸収合併）

　消費生活協同組合ＡＢＣは（以下「甲」という。）は、生活協同組合○○（以下「乙」という。）を合併するため、次の契約を締結する。

第１条　甲は、乙を合併して存続し、乙は吸収されて解散するものとする。
第２条　合併後の甲の地域は、○○とする。
第３条　甲は、この合併により出資総口数を何口増加するものとする。
第４条　甲は、前条の規定により増加した出資口数を第８条に定める合併期日現在における乙の組合員に対して、その持分１口に対して、何口の割合により交付するものとする。
第５条　甲は、この合併により、払込済出資総額を何万円、準備金何万円を増加するものとする。
第６条　乙の組合員に対しては、その所有する持分１口につき金何円の割合による交付金を合併期日現在の組合員に支払うものとする。
第７条　乙は、平成何年何月何日現在をもって作成した賃貸借対照表を基礎とし、第８条に定める合併期日において、その資産の全部、権利義務等の一切を甲に引き継ぎ、甲は、これを承継する。
第８条　乙は、この契約を締結した後、その所有に係る資産及び権利等の保全については、最善の注意を払い、資産及び権利等の処分、新たなる義務等の負担その他重要な事項については勿論、事業上の取引事項についても、あらかじめ甲と協議の上、これを実行するものとする。
　甲はいつでも監査員をして、乙の業務及び財産の状況を監査することができるものとする。
第９条　合併期日は、平成何年何月何日とする。ただし、合併期日前に合併に必要な手続きを完了することが困難な場合には、甲乙の協議によりこれを延期することができる。
第10条　乙の従業員は、すべて甲において引き継ぐものとする。引き継いだ従業員の勤続年数は通算するものとする。
第11条　平成何年何月何日をもって各総会を開催し、本契約の承認及び合併の実行に必要な決議をするものとする。
第12条　甲乙は、合併に関する諸般の手続きを実行し、平成何年何月何日付をもって、行政庁に合併認可の申請をするものとする。
第13条　甲及び乙は、乙の役員に対する解散手当てとして何万円を支出することに同意し、その配分については、乙の理事会に一任する。
第14条　合併実行後における乙の解散に要する費用は、全額を甲が負担するものとする。
第15条　本契約に定めた条項以外の事項であっても、合併に関して必要な事項が生じたときは、合併条件に影響を及ぼさない限り、甲乙の代表者間において協議し、これを執行することができるものとする。
第16条　本契約は第８条に定めるところにより、両組合の承認を得、かつ、行政庁の合併認可を受けたときに、その効力を生じるものとする。上記の契約の成立を証するため、本書２通を作成し、甲乙署名押印の上、各自１通を保有するものとする。

　　　　　　　　　　　　　　　　　　　　　　　　　　　平成　　年　　月　　日

　　東京都中央区○○町○○番○○号
　　　（甲）　消費生活協同組合ＡＢＣ
　　　　　代表理事　　○○　　○○　　㊞

　　千葉県○○市○○町○丁目○番○号
　　　（乙）　生活協同組合○○
　　　　　代表理事　　○○　　○○　　㊞

<書式25>

総 会 議 事 録

1. 平成何年何月何日
1. 場所　東京都中央区○○町○○番○○号　当組合会議室
1. 総組合員　　何名
1. 出席組合員　　何名　　内委任状　　何名
1. 出席理事　代表理事○○　○○（議事録作成者）、代表理事○○　○○、
　　　　　　理　事○○　○○、理　事○○　○○、・・・

1. 議長選任の経過
　定刻にいたり、司会者の理事○○　○○　が、本総会における議長の選出方を諮ったところ、満場異議なく出席組合員より○○　○○　が選出され就任した。
　議長は、本総会の出席数を調査の上、本総会は総組合員数の半数以上の出席があり有効に成立した旨を報告し、開会を宣した。

1. 議案の経過の要領及び議案別議決の結果
第何号議案　合併契約書承認の件
　議長は、千葉県○○市○○町○○番○○号生活協同組合○○との合併につき、平成何年何月何日作成の合併契約書について逐条的に詳細な説明を加え、その承認をもとめたところ、賛成何名、反対何名で可決承認した。

第何号議案　議事録署名人選任の件（※）
　議長は、議事録署名人２人を選任したい旨を述べ、これを議場に諮ったところ、満場一致をもって次の者を選任した。
　　　　　議事録署名人　　　○○　○○
　　　　　議事録署名人　　　○○　○○
以上をもって第何回臨時総会の議案全部の審議を終了したので、午後何時何分閉会を宣し解散した。
　上記の議決を明確にするため、議長及び議事録署名人において次に記名押印する。

　　　　　　　　　　　　　　　　　　　　　　　　　　　平成何年何月何日

　消費生活協同組合ＡＢＣ
　　　議　　　長　　　○○　○○　㊞
　　　議事録署名人　　○○　○○　㊞
　　　議事録署名人　　○○　○○　㊞

※定款の規定が、「議長及び総会において選任した組合員２名」となっている場合です。
（新模範定款例第５９条）

Ⅲ　合併

<書式26>

総 会 議 事 録

1. 平成何年何月何日
1. 場所　千葉県○○市○○町○○番○○号　当組合会議室
1. 総組合員　何名
1. 出席組合員　　何名　内委任状　　何名
1. 出席理事　代表理事○　○　　○　○（議事録作成者）、代表理事○　○　　○　○、
　　　　　　理　　事○　○　　○　○、理　　事○　○　　○　○、・・・

1. 議長選任の経過
　定刻にいたり、司会者の理事○　○　　○　○　が、本総会における議長の選出方を諮ったところ、満場異議なく出席組合員より○　○　　○　○　が選出され就任した。
　議長は、本総会の出席数を調査の上、本総会は総組合員数の半数以上の出席があり有効に成立した旨を報告し、開会を宣した。

1. 議案の経過の要領及び議案別議決の結果
第何号議案　合併契約書承認の件
　議長は、東京都中央区○○町○○番○○号消費生活協同組合ＡＢＣとの合併につき、平成何年何月何日作成の合併契約書について逐条的に詳細な説明を加え、その承認をもとめたところ、賛成何名、反対何名で可決承認した。

第何号議案　議事録署名人選任の件（※）
　議長は、議事録署名人２人を選任したい旨を述べ、これを議場に諮ったところ、満場一致をもって次の者を選任した。
　　　　　　議事録署名人　　　○　○　　○　○
　　　　　　議事録署名人　　　○　○　　○　○
　以上をもって第何回臨時総会の議案全部の審議を終了したので、午後何時何分閉会を宣し解散した。
　上記の議決を明確にするため、議長及び議事録署名人において次に記名押印する。

　　　　　　　　　　　　　　　　　　　　　　　　　　　平成何年何月何日

　生活協同組合○○
　　　　　議　　　長　　　○　○　　○　○　　㊞
　　　　　議事録署名人　　○　○　　○　○　　㊞
　　　　　議事録署名人　　○　○　　○　○　　㊞

※定款の規定が、「議長及び総会において選任した組合員２名」となっている場合です。
（新模範定款例第５９条）

<書式27>

合　併　公　告

　平成何年何月何日開催の下記組合総会において、消費生活協同組合ＡＢＣ（甲）は、生活協同組合〇〇（乙）を合併して存続し、生活協同組合〇〇は解散することを決議したので、この合併に異議のある債権者は、本公告掲載の日から1ヶ月以内にその旨を申し出てください。
　以上、消費生活協同組合法第６８条第４項及び同第６８条の２第６項の規定により公告いたします。

　　　　　　　　　　　　　　　　　　　　　　　平成何年何月何日

　　　東京都中央区〇〇町〇〇番〇〇号
　　　（甲）　消費生活協同組合ＡＢＣ
　　　千葉県〇〇市〇〇町〇丁目〇番〇号
　　　（乙）　生活協同組合〇〇

<書式28＞

平成○年○月○日

お取引先各位

　　　　　東京都中央区○○町○○番○○号
　　　　　消費生活協同組合ＡＢＣ
　　　　　代表理事　　　○　○　　○　○

　　　　　　　催　　告　　書

拝啓　時下益々ご清祥のこととお慶び申し上げます。
　さて当組合は、平成○年○月○日開催の下記組合総会において、生活協同組合○○を合併して存続し、生活協同組合○○は解散することを決議したので、これに対し異議がありましたら、平成○年○月○日までにその旨を申し出てください。もし上記の期限までにお申し出のないときは、異議のないものと認めます。
　以上、消費生活協同組合法第６８条の２第６項の規定により催告いたします。

敬具

　上記のとおり、別紙債権者名簿記載の債権者に催告いたしました。

平成○年○月○日

　　　　　東京都中央区○○町○○番○○号
　　　　　消費生活協同組合ＡＢＣ
　　　　　代表理事　　　○　○　　○　○　　㊞

<書式29>

平成○年○月○日

お取引先各位

　　　　千葉県○○市○○町○○番○○号
　　　　生活協同組合○○
　　　　代表理事　　○　○　　○　○

　　　　　　催　　　告　　　書

拝啓　時下益々ご清祥のこととお慶び申し上げます。
　さて当組合は、平成○年○月○日開催の下記組合総会において、消費生活協同組合ＡＢＣと合併して、消費生活協同組合ＡＢＣが存続し、当組合は解散することを決議したので、これに対し異議がありましたら、平成○年○月○日までにその旨を申し出てください。もし上記の期限までにお申し出のないときは、異議のないものと認めます。
　以上、消費生活協同組合法第６８条第４項の規定により催告いたします。

　　　　　　　　　　　　　　　　　　　　　　　　　敬具

　上記のとおり、別紙債権者名簿記載の債権者に催告いたしました。

　　　　　　　　　　　　　　　　　　　　平成○年○月○日

　　　　千葉県○○市○○町○○番○○号
　　　　生活協同組合○○
　　　　代表理事　　○　○　　○　○　　㊞

<書式30>

上　申　書　　　　　　　　　　㊞

　平成○年○月○日開催の組合総会において、当組合と生活協同組合○○が合併することを決議しました。
　そこで、消費生活協同組合法第68条の2第6項の規定により債権者に対し公告及び催告を致しましたが、所定の期間内に異議を述べた者はありませんでした。

平成○年○月○日

　　　東京都中央区○○町○○番○○号
　　　消費生活協同組合ＡＢＣ
　　　代表理事　○　○　　○　○　㊞

東京法務局御中

<書式31>

上　申　書　　　　　㊞

　平成○年○月○日開催の組合総会において、当組合と消費生活協同組合ＡＢＣが合併することを決議しました。
　そこで、消費生活協同組合法第６８条第４項の規定により債権者に対し公告及び催告を致しましたが、所定の期間内に異議を述べた者はありませんでした。

　　　　　　　　　　　　　　　　　　　　　　平成○年○月○日

　　　千葉県○○市○○町○○番○○号
　　　生活協同組合○○
　　　代表理事　　○　○　　○　○　　㊞

東京法務局御中

<書式32>

委　任　状

㊞

　　　　　東京都○○区○○町○○番○○号
　　　　　司法書士　　○　○　　○　○

　私は、上記の者を代理人と定め、次の権限を委任します。

１．当組合は平成　　年　　月　　日千葉県○○市○○町○丁目○
　　番○号

　生活協同組合○○を合併したので、その変更の登記申請に関する
一切の件

１．原本還付請求に関する一切の件

　　　　　　　　　　　　　　　　　　平成　　年　　月　　日

　　　　東京都中央区○○町○○番○○号
　　　　消費生活協同組合ＡＢＣ　　　　　㊞
　　　　代表理事　○　○　　○　○

＜書式33＞

消費生活協同組合合併による解散登記申請書

1．名　　　　　称　生活協同組合○○

1．主 た る 事 務 所　千葉県○○市○○町○丁目○番○号

1．登 記 の 事 由　合併による解散

1．認可書の到達年月日　平成　　年　　月　　日

1．登 記 す べ き 事 項　平成　　年　　月　　日東京都中央区○○町○○番
　　　　　　　　　　　　○○号
　　　　　　　　　　　　消費生活協同組合ＡＢＣに合併し解散

　上記のとおり登記の申請をする。

　　　　　　　　　　　　　　　　　　　　　　　平成　　年　　月　　日

　　　　　　千葉県○○市○○町○丁目○番○号
　　　　　　申　請　人　生活協同組合○○

　　　　　　東京都中央区○○町○○番○○号
　　　　　　存 続 組 合　　　　　消費生活協同組合ＡＢＣ

　　　　　　東京都千代田区○○町○○番○○号
　　　　　　代 表 理 事　○　○　　　○　○

　　　　　　東京都○○区○○町○○番○○号
　　　　　　上記代理人　司法書士　○　○　　　○　○

　千葉地方法務局　　　出張所　御中

2. 新設合併

新設合併とは、2以上の法人が合併して新しい法人を設立し、合併の当事者である法人のすべては解散する合併のことをいいます。

新設合併も、吸収合併と同様、合併契約書の締結、総会による承認、債権者保護手続き、そして認可申請、登記申請の流れになりますが、新しく法人を設立するため、総会によって選任された設立委員が共同して、新法人の定款や役員を選任する必要があります（法第68条の4第2項）。この設立委員の選任も総会の特別決議によらなくてはなりません。

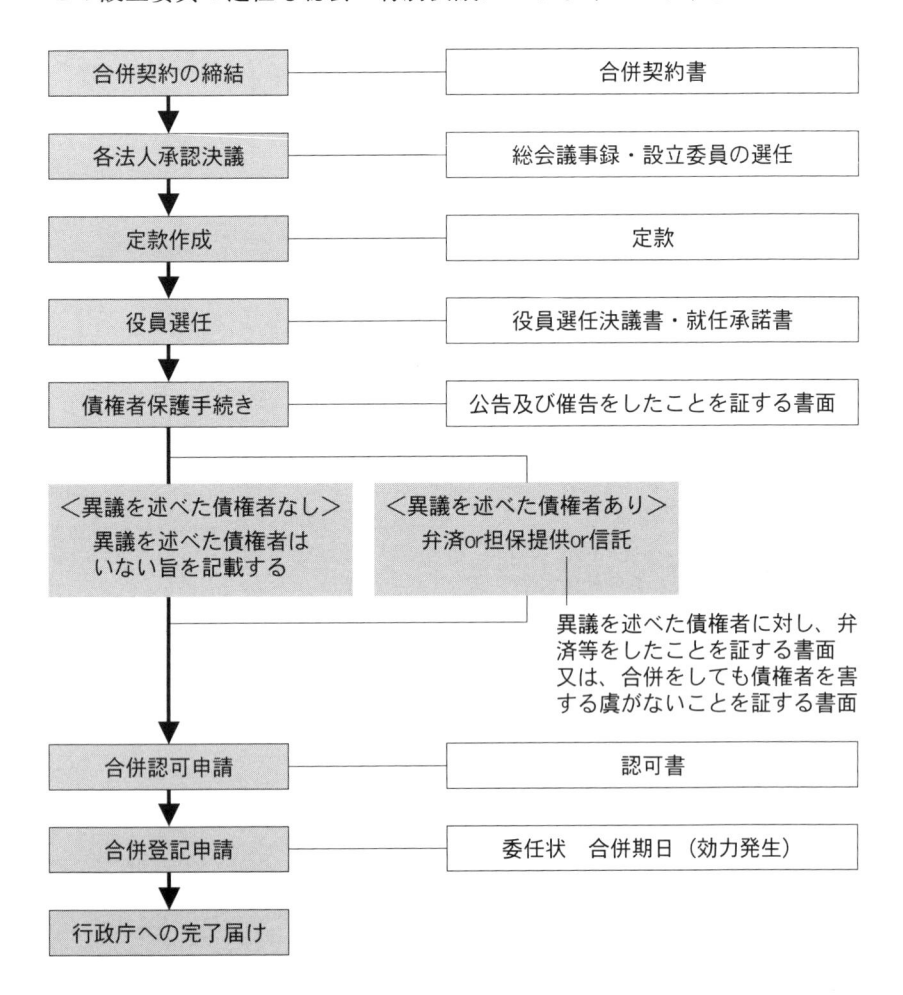

手続き	書類
合併契約の締結	合併契約書
各法人承認決議	総会議事録・設立委員の選任
定款作成	定款
役員選任	役員選任決議書・就任承諾書
債権者保護手続き	公告及び催告をしたことを証する書面
＜異議を述べた債権者なし＞異議を述べた債権者はいない旨を記載する / ＜異議を述べた債権者あり＞弁済or担保提供or信託	異議を述べた債権者に対し、弁済等をしたことを証する書面又は、合併をしても債権者を害する虞がないことを証する書面
合併認可申請	認可書
合併登記申請	委任状　合併期日（効力発生）
行政庁への完了届け	

＜書式34＞

消費生活協同組合合併による設立登記申請書

1. 名　　　　称　消費生活協同組合ａｂｃ

1. 主 た る 事 務 所　東京都千代田区○○町○○番○○号

1. 登 記 の 事 由　平成　　年　　月　　日新設合併の手続終了

1. 認可書到達の年月日　平成　　年　　月　　日

1. 登 記 す べ き 事 項　別紙のとおり

1. 添　付　書　類
　　定款　　　　　　　　　　　　　１通
　　合併契約書　　　　　　　　　　１通
　　総会議事録　　　　　　　　　　２通
　　役員選任決議書　　　　　　　　１通
　　理事会議事録　　　　　　　　　１通
　　就任承諾書　　　　　　　　　　　通
　　出資の総口数及び出資払込の
　　あったことを証する書面　　　　１通
　　　　消費生活協同組合ＡＢＣの出資の総口数及び出資払込のあった
　　　　ことを証する書面は、登記簿謄本の記載を援用する
　　公告及び催告をしたことを証する書面　２通
　　　　異議を述べた債権者はいない
　　認　可　書　　　　　　　　　　１通
　　解散組合の登記事項証明書　　　１通
　　委　任　状　　　　　　　　　　１通

上記のとおり登記の申請をする。

　　　　　　　　　　　　　　　　　　　　　　　平成　　年　　月　　日

　　　　　　東京都千代田区○○町○○番○○号
　　　　　　申　請　人　消費生活協同組合ａｂｃ

　　　　　　東京都千代田区○○町○○番○○号
　　　　　　代表理事　○　○　　○　○

　　　　　　東京都○○区○○町○○番○○号
　　　　　　上記代理人　司法書士　○　○　　○　○

東京法務局　御中

別　紙
1.ワードプロセッサー又は邦文タイプライターで記載してください。
2.枠内に記載し、枠内では文字ピッチ・行ピッチを変えないでください。
3.半角/倍角文字、上付/下付文字、下線等の文字装飾は行わないでください。
4.用紙を破ったり、折り曲げたり、汚したり、修正液、修正テープ、糊張りは行わないでください。

株	有	資	名	他
〔(商号) 消費生活協同組合ＡＢＣ〕

1／1 頁

「名称」消費生活協同組合ａｂｃ
「主たる事務所」東京都千代田区〇〇町〇〇番〇〇号
「法人設立の年月日」設立許可の年月日
「目的等」
事業
1．
2．
「役員に関する事項」
「資格」代表理事
「住所」
「氏名」
「地域」〇〇市一円とする
「出資一口の金額」金　　　円
「出資の総口数」〇口
「払い込んだ出資の総額」金　　　円
「出資払込の方法」全額一時払込みとする。
「公告の方法」組合の掲示場に掲示し、かつ〇〇新聞に掲載してこれをする。
「登記記録に関する事項」東京都中央区〇〇町〇〇番〇〇号消費生活協同組合ＡＢＣと千葉県〇〇市〇〇町〇丁目〇番〇号生活協同組合〇〇を合併し、設立

訂正印　申請人印

<書式35>

合併契約書（新設合併）

　消費生活協同組合ＡＢＣは（以下「甲」という。）は、生活協同組合○○（以下「乙」という。）と合併して新たに消費生活協同組合ａｂｃ（以下「新組合」という。）を設立するため、次の契約を締結する。

第1条　甲乙は、合併して新組合を設立し、甲及び乙は解散するものとする。

第2条　合併により設立される新組合の名称、事務所の所在地、事業、地区、組合員たる資格に関する事項、出資一口の金額その払込方法、準備金の額及びその積立の方法は、次のとおりとする。

1．名称　　消費生活協同組合ａｂｃ
1．事務所所在地　　東京都千代田区
1．事業　　何々
　　　　　何々
1．地域
1．組合員たる資格に関する事項　何々
1．出資一口の金額　金何円
1．出資払込の方法　一時に全額の払込をする。
1．準備金の額及びその積立の方法
　　準備金は出資総額に達するまで毎事業年度の剰余金の10分の1以上を積み立てる。
　　加入金及び除名によって払い戻しをしない金額は、準備金に繰り入れる。
1．公告方法　この組合の掲示場に掲示して行い、かつ、○○新聞に掲載して行なう。

第3条　新組合の設立当初の出資総口数は何口とし、これを合併期日現在の甲乙の組合員に対し、それぞれ次のごとく割り当てるものとする。

甲の組合員に対しては、その持分1口に対して、何口の割合
乙の組合員に対しては、その持分1口に対して、何口の割合

第4条　乙の組合員に対しては、その所有する持分1口につき金何円の割合による交付金を、合併期日現在の組合員に支払うものとする。

第5条　合併期日は、平成何年何月何日とする。ただし、合併期日前に合併に必要な手続きを完了することが困難な場合には、甲乙の協議によりこれ

を延期することができる。
第6条　甲乙は、平成何年何月何日現在をもって作成した賃貸借対照表を基礎とし、第5条に定める合併期日において、その資産の全部、権利義務等の一切を新組合に引き継ぎ、新組合は、これを承継する。
第7条　甲乙は、平成何年何月何日現在において締め切るべき決算の利益金の処分については、甲乙が協議の上従来の習慣によりこれを定めるものとする。
第8条　甲乙の従業員は、すべて新組合において引き継ぐものとする。引き継いだ従業員の勤続年数は通算するものとする。
第9条　平成何年何月何日をもって各総会を開催し、本契約の承認及び合併の実行に必要な決議をするものとする。
第10条　甲乙は、新組合を設立するにつき、定款の作成その他設立に必要な行為をさせるため、各2名の設立委員を選任せるものとする。
第11条　甲乙は、合併に関する諸般の手続きを実行し、平成何年何月何日付をもって、行政庁に合併認可の申請をするものとする。
第12条　本契約に定めた事項以外の事項であっても、合併に関して必要な事項が生じたときは、合併条件に影響を及ぼさない限り、甲乙の代表者間において協議し、これを失効することができるものとする。
第13条　本契約は第9条に定めるところにより、両組合の承認を得、かつ、行政庁の合併認可を受けたときに、その効力を生じるものとする。

　上記の契約の成立を証するため、本書2通を作成し、甲乙署名押印の上、各自1通を保有するものとする。

平成　　年　　月　　日

東京都中央区〇〇町〇〇番〇〇号
（甲）　消費生活協同組合ＡＢＣ
代表理事　〇　〇　　〇　〇　　㊞

千葉県〇〇市〇〇町〇丁目〇番〇号
（乙）　生活協同組合〇〇
代表理事　〇　〇　　〇　〇　　㊞

<書式36>

総 会 議 事 録

1. 平成何年何月何日
1. 場所　東京都中央区○○町○○番○○号　当組合会議室
1. 総組合員　　何名
1. 出席組合員　　　何名　内委任状　　　何名
1. 出席理事　代表理事○　○　　　○　○（議事録作成者）、代表理事○　○　　　○　○、
　　　　　　理　事○　○　　　○　○、理　事○　○　　　○　○、・・・

1. 議長選任の経過
　定刻にいたり、司会者の理事○　○　　　○　○　が、本総会における議長の選出方を諮ったところ、満場異議なく出席組合員より○　○　　　○　○　が選出され就任した。
　議長は、本総会の出席数を調査の上、本総会は総組合員数の半数以上の出席があり有効に成立した旨を報告し、開会を宣した。

1. 議案の経過の要領及び議案別議決の結果
第何号議案　合併契約書承認の件
　議長は、千葉県○○市○○町○○番○○号生活協同組合○○との合併につき、平成何年何月何日作成の合併契約書について逐条的に詳細な説明を加え、その承認をもとめたところ、賛成何名、反対何名で可決承認した。
第何号議案　設立委員選任の件
　議長は当組合から新組合の設立委員として何名を選出する旨を述べ、その選出方法を諮ったところ、満場一致で何某、何某が選出され、被選任者は就任を承諾した。
第何号議案　議事録署名人選任の件（※）
　議長は、議事録署名人2人を選任したい旨を述べ、これを議場に諮ったところ、満場一致をもって次の者を選任した。
　　　　　議事録署名人　　　○　○　　　○　○　、
　　　　　議事録署名人　　　○　○　　　○　○
　以上をもって第何回臨時総会の議案全部を審議を終了したので、午後何時何分閉会を宣し解散した。
　上記の議決を明確にするため、議長及び議事録署名人において次の記名押印する。

　　　　　　　　　　　　　　　　　　　　　　　　　　　平成何年何月何日
　消費生活協同組合ＡＢＣ
　　　議　　　長　　　○　○　　○　○　　㊞
　　　議事録署名人　　○　○　　○　○　　㊞
　　　議事録署名人　　○　○　　○　○　　㊞

※定款の規定が、「議長及び総会において選任した組合員2名」となっている場合です。
（新模範定款例第59条）

Ⅲ　合併　　77

<書式37>

総 会 議 事 録

1．平成何年何月何日
1．場所　千葉県○○市○○町○○番○○号　当組合会議室
1．総組合員　　何名
1．出席組合員　　　何名　　内委任状　　　何名
1．出席理事　代表理事○○　　○○（議事録作成者）、代表理事○○　　○○、
　　　　　　理　事○○　　○○、理　事○○　　○○、・・・

1．議長選任の経過
　　定刻にいたり、司会者の理事○○　　○○　が、本総会における議長の選出方を諮ったところ、満場異議なく出席組合員より○○　　○○　が選出され就任した。
　　議長は、本総会の出席数を調査の上、本総会は総組合員数の半数以上の出席があり有効に成立した旨を報告し、開会を宣した。

1．議案の経過の要領及び議案別議決の結果
第何号議案　合併契約書承認の件
　　議長は、東京都中央区○○町○○番○○号消費生活協同組合ＡＢＣとの合併につき、平成何年何月何日作成の合併契約書について逐条的に詳細な説明を加え、その承認をもとめたところ、賛成何名、反対何名で可決承認した。
第何号議案　設立委員選任の件
　　議長は当組合から新組合の設立委員として何名を選出する旨を述べ、その選出方法を諮ったところ、満場一致で何某、何某が選出され、被選任者は就任を承諾した。
第何号議案　議事録署名人選任の件（※）
　　議長は、議事録署名人２人を選任したい旨を述べ、これを議場に諮ったところ、満場一致をもって次の者を選任した。
　　　　　　議事録署名人　　○○　　○○
　　　　　　議事録署名人　　○○　　○○
　　以上をもって第何回臨時総会の議案全部を審議を終了したので、午後何時何分閉会を宣し解散した。
　　上記の議決を明確にするため、議長及び議事録署名人において次の記名押印する。

平成何年何月何日

　生活協同組合○○
　　　　議　　長　　○○　　○○　　㊞
　　　　議事録署名人　○○　　○○　　㊞
　　　　議事録署名人　○○　　○○　　㊞

※定款の規定が、「議長及び総会において選任した組合員２名」となっている場合です。
　（新模範定款例第５９条）

<書式38>

役員選任決議書

　平成何年何月何日の総会において東京都中央区〇〇町〇〇番〇〇号消費生活協同組合ＡＢＣと千葉県〇〇市〇〇町〇〇番〇〇号生活協同組合〇〇は合併し、新たに消費生活協同組合ａｂｃを設立するにつき、設立当初の役員を次のとおり選任する。

　　　　　理　事　　〇〇　　〇〇
　　　　　同　　　　〇〇　　〇〇
　　　　　同　　　　〇〇　　〇〇
　　　　　同　　　　〇〇　　〇〇
　　　　　同　　　　〇〇　　〇〇
　　　　　監　事　　〇〇　　〇〇
　　　　　同　　　　〇〇　　〇〇

　上記のとおり設立当初の役員の選任を全員一致で決議した。

　　　　　　　　　　　　　　　　　　　　平成何年何月何日

消費生活協同組合ａｂｃ
　　　　設立委員　　〇〇　　〇〇　　㊞
　　　　設立委員　　〇〇　　〇〇　　㊞
　　　　設立委員　　〇〇　　〇〇　　㊞
　　　　設立委員　　〇〇　　〇〇　　㊞

<書式39>

理事会議事録

1. 招集年月日　　平成　　年　　月　　日
1. 開催日時　　　平成　　年　　月　　日午前　　時　　分
1. 開催場所　　　当組合事務所
1. 出席した理事の氏名
　　○　○　　○　○、○　○　　○　○、○　○　　○　○、・・・
1. 出席した監事の氏名
　　○　○　　○　○、○　○　　○　○

1. 議事の経過の要領及び結果
　本総会の議長の選出をしたところ、議長には○　○　　○　○が選挙され議長席に就任し、議案の審議にはいる。

議案　代表理事選定の件
　議長は、代表理事を選定したい旨を述べたのち、その選任方法を諮った。
　出席理事の中より議長の指名に一任するとの発言があり、満場これを承認したので、議長は次の者を指名し、その賛否を諮ったところ、満場一致で承認可決した。
　よって、議長は、次のとおり選定することに可決された旨を宣した。
　　　　　代表理事　　○　○　　○　○
　　　　　代表理事　　○　○　　○　○
　なお、被選任者は、その就任を承諾した。

　以上をもって本日の議案の全部が終了したので、議長は閉会を宣し午前１０時３０分散会した。

　以上の議決を明確にするため、議長及び出席理事が次に記名押印する。

　　　　　　　　　　　　　　　　　　　　　　　　　平成　　年　　月　　日
消費生活協同組合ａｂｃ　理事会

　　　　　議　　長　○　○　　○　○　　㊞

　　　　　出席理事　○　○　　○　○　　㊞

　　　　　出席理事　○　○　　○　○　　㊞

　　　　　出席理事　○　○　　○　○　　㊞

　　　　　出席理事　○　○　　○　○　　㊞

　　　　　出席監事　○　○　　○　○　　㊞

　　　　　出席監事　○　○　　○　○　　㊞

＜書式40＞

㊞

就 任 承 諾 書

　私は、この度代表理事に選任されましたので、その就任を承諾します。

　　　　　　　　　　　　　　　　　　　平成　　年　　月　　日

　　　氏　名　〇　〇　　〇　〇　　㊞

消費生活協同組合ａｂｃ　御中

<書式41>

　　　　　　　委　任　状　　　　　　　　　　㊞

　　　　東京都〇〇区〇〇町〇〇番〇〇号
　　　　司法書士　〇　〇　　〇　〇

　私は、上記の者を代理人と定め、次の権限を委任します。

１．東京都中央区〇〇町〇〇番〇〇号消費生活協同組合ＡＢＣと千葉県〇〇市〇〇町〇丁目〇番〇号生活協同組合〇〇と合併して消費生活協同組合ａｂｃを設立したので、設立の登記申請に関する一切の件

１．原本還付請求に関する一切の件

　　　　　　　　　　　　　　　　平成　　年　　月　　日

　　　東京都千代田区〇〇町〇〇番〇〇号
　　　消費生活協同組合ａｂｃ
　　　代表理事　〇　〇　　〇　〇　　㊞

<書式42>

消費生活協同組合合併による解散登記申請書

1. 名　　　　　称　生活協同組合○○

1. 主 た る 事 務 所　千葉県○○市○○町○丁目○番○号

1. 登 記 の 事 由　合併による解散

1. 認可書の到達年月日　平成　　年　　月　　日

1. 登 記 す べ き 事 項　平成　　年　　月　　日東京都中央区○○町○○番○○号
　　　　　　　　　　　消費生活協同組合ＡＢＣと合併して東京都千代田区○○町○○番○○号
　　　　　　　　　　　消費生活協同組合ａｂｃを設立し解散

　上記のとおり登記の申請をする。

　　　　　　　　　　　　　　　　　　　　　平成　　年　　月　　日

　　　　千葉県○○市○○町○丁目○番○号
　　　　申　請　人　生活協同組合○○

　　　　東京都千代田区○○町○○番○○号
　　　　新設会社　消費生活協同組合ａｂｃ

　　　　東京都千代田区○○町○○番○○号
　　　　代表理事　○　○　　○　○

　　　　東京都○○区○○町○○番○○号
　　　　上記代理人　司法書士　○　○　　○　○

　千葉地方法務局　　出張所　御中

Ⅳ　解散

　解散とは、事業活動を停止して、組合の組織を解体させることをいいます。解散すると、組合は清算法人にかわり、業務執行をするのは理事から清算人にかわります。

　組合は次の事由によって解散します。（法第62条1項）
1. 総会の議決
　　組合は、総会の特別決議によって解散することができます。法改正前は、総代会による決議はできませんでしたが、今回の改正により総代会でも解散の決議ができるようになりました。
2. 定款に定めた存立時期の満了又は解散事由の発生
　　組合は、定款で存立時期や解散の事由を定めることができます。存立時期や解散事由を定めたときは、それを登記しなくてはなりません。そして、定めた存立時期が満了したときや解散の事由が生じたときは、組合は当然に解散します。
3. 目的たる事業の成功の不能
　　組合は、その事業の成功の不能が明らかになったときは解散します。
4. 組合の合併
　　組合が合併すると、その全部又は一部の会社は、その権利義務一切を承継会社又は新設会社に承継して、解散し、消滅します。
5. 組合の破産手続き開始の決定
　　組合が債務超過で支払不能に陥り、破産したときは、破産手続きに入るため、当然に解散します。
6. 第95条第3項の規定による解散の命令
　　行政庁による解散命令があったときは、組合は当然に解散します。

1.または3.の事由による解散の場合には、当該行政庁の認可が必要になります（同2項）。

　また、消費生活協同組合は、組合員（第14条第2項から第4項までの規定による組合員を除く。）が20人未満になつたことによつて、連合会は、会員が1人になつたこと又は第14条第5項第2号の規定による会員のみになつたことによつて解散します（法64条1項）。この場合には、遅滞なくその旨を当該行政庁に届け出なければなりません（同2項）。

　組合が解散したときは、合併、破産、解散命令の場合を除いては、主たる事務所の所在地においては2週間以内に、解散の登記をしなければなりません（法第79条）。組合の解散の登記の申請書には、解散の事由を証する書面を添付しなければなりません。行政庁が組合の解散を命じた場合における解散の登記は、その行政庁の嘱託によつてこれをします（法第89条）。

1．解散組合の継続

　存立時期の満了によつて解散した場合には、組合員の3分の2以上の同意を得て組合を継続することができます。但し、存立時期満了の日より1箇月以内に認可を申請しなければなりません（法第63条1項）。この場合、継続に同意しない組合員は、組合継続の時において脱退したものとみなされます（同2項）。解散組合の継続に関しても、当該行政庁の認可が必要になります。

2．清算

　法人は、合併による解散以外は、解散すると当然に消滅するのではなく、残務整理や財産関係を整理する清算手続きに入ります。

　組合が解散したときは、合併及び破産に因る解散の場合を除いては、理事が、その清算人となります。清算をする組合は、清算人会を置かなければならず、理事が清算人となる場合においては、当然に代表理事が

代表清算人になります（消費生活協同組合法73条準用、会社法第483条第4項）。但し、総会において他人を選任したときは、この限りではありません（法第72条）。総会で選任された清算人は清算人会で、清算人の中から組合を代表する代表清算人を選定しなければなりません（消費生活協同組合法73条準用、同法第90条の9第1項）。

　代表理事が代表清算人になった場合の就任の登記申請書には、登記簿上代表理事であることが明らかであるときは、添付書面は必要ありませんが、それ以外の場合には、選任をしたことを証する書面及び代表清算人が就任を承諾したことを証する書面の添付が必要になります。

　清算人は、就任の後遅滞なく、組合の財産の状況を調査し、財産目録及び貸借対照表を作り、これを総会に提出して、その承認を求めなければなりません。清算人は、組合の債務を弁済した後でなければ、組合の財産を分配することができません。

　清算事務が終つたときは、清算人は、遅滞なく決算報告書を作り、これを総会に提出してその承認を求めなければなりません。組合の清算が結了したときは、組合の清算結了の登記の申請書に、清算人が第73条において準用する会社法第507条第3項の規定による決算報告書の承認を得たことを証する書面を添付しなければなりません（法第89条の2）。

<書式43>

消費生活協同組合解散及び代表清算人就任登記申請書
（法定清算人の場合）

1．名　　　称　　消費生活協同組合ＡＢＣ

1．主たる事務所　東京都中央区〇〇町〇〇番〇〇号

1．登記の事由　　解散及び代表清算人就任

1．認可書到達の年月日
　　　　　　　　平成　　　年　　　月　　　日

1．登記すべき事項
　　　　　　　　別紙のとおり

1．添付書類
　　総会議事録　　　　　　　　　　　1通
　　認可書　　　　　　　　　　　　　1通
　　委任状　　　　　　　　　　　　　1通

　上記のとおり登記の申請をする。

　　　　　　　　　　　　　　　　　　平成　　　年　　　月　　　日

　　　　　　東京都中央区〇〇町〇〇番〇〇号
　　　　　　申　請　人　消費生活協同組合ＡＢＣ

　　　　　　東京都千代田区〇〇町〇〇番〇〇号
　　　　　　代表清算人　〇　〇　　　〇　〇

　　　　　　東京都〇〇区〇〇町〇〇番〇〇号
　　　　　　上記代理人　司法書士　〇　〇　　〇　〇

　東京法務局　御中

別　紙
1. ワードプロセッサー又は邦文タイプライターで記載してください。
2. 枠内に記載し、枠内では文字ピッチ・行ピッチを変えないでください。
3. 半角／倍角文字、上付／下付文字、下線等の文字装飾は行わないでください。
4. 用紙を破ったり、折り曲げたり、汚したり、修正液、修正テープ、糊張りは行わないでください。

〔株　有　資　名　他〕
〔(商号) 消費生活協同組合ＡＢＣ〕

1/1 頁

「解散」
平成　　年　　月　　日総会の議決により解散
「役員に関する事項」
「資格」代表清算人
「住所」東京都千代田区〇〇町〇〇番〇〇号
「氏名」〇〇〇〇
「原因年月日」平成　　年　　月　　日
「資格」代表清算人
「住所」埼玉県〇〇市〇〇町〇〇番〇〇号
「氏名」〇〇〇〇
「原因年月日」平成　　年　　月　　日

訂正印　　申請人印

第Ⅰ部　法人登記

<書式44>

総 会 議 事 録

1．平成何年何月何日
1．場所　東京都中央区〇〇町〇〇番〇〇号　当組合会議室
1．総組合員　　何名
1．出席組合員　　何名　　内委任状　　何名
1．出席理事　代表理事〇　〇　　〇　〇（議事録作成者）、代表理事〇　〇　　〇　〇、
　　　　　　理　　事〇　〇　　〇　〇、理　　事〇　〇　　〇　〇、・・・

1．議長選任の経過
　定刻にいたり、司会者の理事〇　〇　　〇　〇　が、本総会における議長の選出方を諮ったところ、満場異議なく出席組合員より〇　〇　　〇　〇　が選出され就任した。
　議長は、本総会の出席数を調査の上、本総会は総組合員数の半数以上の出席があり有効に成立した旨を報告し、開会を宣した。

1．議案の経過の要領及び議案別議決の結果
第何号議案　組合解散の件
　議長は、外的環境の変化から今後当組合の事業を維持していくことが困難になってきたことにつき詳細な説明を加え、当組合は平成何年何月何日をもって解散したい旨を述べ、その承認をもとめたところ、賛成何名、反対何名で可決承認した。

第何号議案　清算人選任の件
　議長は上記解散に基づき、清算人を選任する必要がある旨を述べ、これを議場に諮ったところ、消費生活協同組合法72条により理事全員が清算人となるとの声があり、これを議場に諮ったところ満場一致をもって承認可決された。被選任者は、その就任を承諾した。

第何号議案　議事録署名人選任の件（※）
　議長は、議事録署名人2名を選任したい旨を述べ、これを議場に諮ったところ、満場一致をもって次の者を選任した。
　　　　　議事録署名人　　〇　〇　　〇　〇
　　　　　議事録署名人　　〇　〇　　〇　〇
　以上をもって第何回臨時総会の議案全部を審議を終了したので、午後何時何分閉会を宣し解散した。
　上記の議決を明確にするため、議長及び議事録署名人において次の記名押印する。

　　　　　　　　　　　　　　　　　　　　　　　　　　　　　平成何年何月何日
　消費生活協同組合ＡＢＣ
　　　　議　　　長　　　〇　〇　　〇　〇　　㊞
　　　　議事録署名人　　〇　〇　　〇　〇　　㊞
　　　　議事録署名人　　〇　〇　　〇　〇　　㊞

※定款の規定が、「議長及び総会において選任した組合員2名」となっている場合です。（新模範定款例第59条）

Ⅳ　解散

<書式45>

委　任　状

　　　　東京都〇〇区〇〇町〇〇番〇〇号
　　　　司法書士　〇　〇　　〇　〇

上記の者を代理人と定め、下記の権限を委任する。

　　　　　　　　　　記

1．当組合の解散及び代表清算人就任の登記申請に関する一切の件

1．原本還付請求並びに受領の件

　　　　　　　　　　　　　　　　平成〇年〇月〇日

　　東京都中央区〇〇町〇〇番〇〇号
　　〇〇消費生活協同組合
　　代表清算人　〇　〇　　〇　〇　　㊞

不動産登記

第2部

I　不動産登記概説

1．不動産登記とは

　不動産登記とは、不動産（土地、建物及び工場等）に対する所有権、地上権、質権及び抵当権などの権利関係を公示するための制度です。民法は、「物権（所有権、地上権、質権及び抵当権等）の設定及び移転は、当事者の意思表示のみによってその効力を生ずる」（176条）として、物権の変動については意思主義をとっていますが、民法177条は、「不動産に関する物権の得喪及び変更は、不動産登記法その他の登記に関する法律の定めるところに従いその登記をしなければ、第三者に対抗することができない」としています。

　登記をすることによって、不動産に対する自分の権利を主張することができます。ただし、登記をすることは法律上の義務ではありません。しかし、登記をしなければ、その権利関係について、民法177条でいうところの第三者（当事者及びその包括承継人以外の者であって登記の欠缺（不備等）を主張する正当の利益を有する者）には権利を主張することができないので、登記をしないことの不利益は受忍しなければならないことになります。

　登記申請が必要になるのは、登記の内容に変更が生じたときですが、具体的には、売買や相続等によって所有権が移転したとき、金融機関から金銭を借りて抵当権等の担保を設定したときなどのほか、所有者が引越しや結婚で名前や住所が変わった場合なども登記が必要になります。不動産に関する登記をすると、不動産登記記録に記録されます。不動産登記記録は、表題部、権利部の2部で構成されており、表題部にはその不動産の所在・地番・地積や構造などが記載され、権利部の甲区には所有権に関する事項が、権利部の乙区には所有権以外の事項に関する事項

が記載されます。

　不動産登記記録は利害関係を有する者でなくとも、法務局で申請すれば誰でも、登記記録に記録されている全部または一部の証明書（登記事項証明書）を取得することができます。

2．不動産登記法

　不動産の登記に関しては、不動産登記法によって規定されています。従来、不動産登記申請は、申請主義、共同申請主義、出頭主義、書面主義がとられてきましたが、平成17年の改正で、出頭主義は廃止され法務局に出頭しなくても、郵送による申請が認められるようになり、書面主義についても一部改正されています。

①申請主義

　登記は、原則として当事者申請又は官公署の嘱託によってするものとされています。申請主義は、私的自治の原則に従い、当事者の申請によって登記することであり、それにより、登記の真正を担保し虚偽の登記を防止することができます。

②共同申請主義

　不動産登記は、登記をすることによって登記記録上利益を有する登記権利者と登記記録上不利益を受けることになる登記義務者の双方が共同して申請する共同申請主義が原則です。

③出頭主義廃止

　必ず法務局に出頭して申請しなくてはならないとする出頭主義は廃止され、法務局の窓口に直接出向いて申請するほか、現在は郵送による申請が認められています。

④書面主義一部改正

　従来の登記法では、登記申請はかならず申請書で申請することが義務づけられていましたが、平成17年の改正により、登記申請の方法がオンライン申請も可能になり、オンライン申請と書面申請のどちらでも申請することができます。

⑤事前通知制度・資格者代理人による本人確認制度

　旧不動産登記法では、登記済証を添付しなくてはならない登記申請で、登記済証の添付ができない場合、保証書制度を利用しての登記申請をしておりましたが、現行法では保証書制度が廃止され、それに変わる制度として「事前通知制度」「資格者代理人による本人確認制度」が新設されています。

・事前通知制度（法23条1項）

　保証書制度では、所有権に関する登記は仮受付され、確認のために法務局から登記義務者に通知が送られ、間違いない旨の通知が法務局に届いた時点で本受付されていましたが、事前通知制度では当初の受付の段階で本受付されます。その後、法務局から登記簿上の住所に「本人限定受取郵便」（法人の場合は書留郵便）で通知がなされ、通知発送後2週間以内に本人が署名捺印して法務局に提出しないと登記が却下されます。

・資格者代理人による本人確認情報の提供（法23条4項）

　登記申請をなす司法書士などの資格者代理人が、法定で定められた本人確認書類により本人を確認し、その本人確認書類を法務局に提出した場合は、登記済証があるのと同様に事前通知なしに登記手続きがすすめられます。

　なお、法人の場合は、代表者もしくはこれに代わるべき者の本人確認をすることになります。代表者に代わるべき者の本人確認をする場合は、業務権限証明書（印鑑証明書付）の添付が必要になります。

⑥その他の注意点

・添付書類の写しを添付して、原本証明をすると、原本を還付することができますが、印鑑証明書については原本還付ができません。
・原本還付の手続きは、登記完了時に還付手続きをした原本の還付を受けることになり、申請時に原本還付はできません。

3．添付書面

①登記原因証明情報（法61条）

権利に関する登記を申請する場合は、権利変動の過程・態様を正確に反映した「登記原因証明情報」を必ず添付しなければなりません。

②**登記済証（権利証）／登記識別情報**

平成20年7月14日に全法務局がオンライン庁になりましたが、オンライン庁になって初めてする登記については、登記識別情報はあり得ないので登記済証を添付することになります。オンライン庁指定後所有権を所得した場合は、その後の登記につき登記識別情報を提供することになります。

登記済証または登記識別情報の添付・提供ができない場合、添付・提供できない正当な理由を申請書に記載しなくてはなりません。従来の保証書制度が廃止されましたので、変わって新設された事前通知制度または資格者代理人による本人確認制度を利用することになります。

※登記識別情報

平成17年の不動産登記法の大改正により、従来の登記済証が発行されなくなりました。登記済証とは、いわゆる権利証と呼ばれている書類で、登記をすると法務局から交付されていたものです。権利証は、不動産の所有権等を紙で表したものとして、とても大切に扱われてきました。しかし、不動産登記法が改正になり、法務局が順次オンライン庁になって（平成20年7月14日には全法務局がオンライン化しました。）、権利証のかわりに登記識別情報を交付することになりました。

登記識別情報は、英数字12桁の暗証番号で、不動産ごと、登記事項ごと、かつ登記名義人ごとに通知されます。通知といっても、実際には法務局指定の用紙に記載され、目隠しシールを貼って、誰の目にも触れないような状態で発行される通知書を受け取ることになります。登記識別情報の通知を受けた登記名義人は、登記識別情報を失効させることができます。失効の手続きをすると、後日再発行することはできません。また、登記申請時に登記識別情報の不発行の申し出をすることもできます。その他、法務局にて登記識別情報の有効性を検証することもでき（有料）、従来のいわゆる権利証とは異なる取り扱いをすることになる点で注意が必要です。

ただし、オンライン庁になってからの登記申請で取得した権利は、登記識別情報が通知されますが、それ以前から権利を持っている人については、現在ある権利証が有効なものとして扱われます。

③**住所を証する書面**

　所有権取得の登記申請では、権利者の住所を証する書面として、住民票又は戸籍の附票の添付が必要になります。法人の場合は、本店所在地が住所になりますので、会社の証明書（履歴事項全部証明書等）がこれに該当します。

④**印鑑証明書**

　印鑑証明が必要な登記申請では、印鑑証明書の原本還付ができませんので、必要通数を必ず用意しなくてはなりません。

〈原本還付できない印鑑証明書〉

　・申請人又は代表者若しくは代理人が申請情報を記載した書面に記名押印した者の印鑑証明書（令第16条第2項）
　・代理人（復代理人を含む）の権限を証する情報を記載した書面に記名押印した者の印鑑証明書（第18条第2項）
　・第三者の同意又は承諾を証する情報を記載した書面に記名押印した者の印鑑証明書（第19条第2項）

⑤**代理権限証書**

　代理人によって登記申請する場合の委任状や、法人の代表者の代表権を証するための会社謄本や代表者事項証明書等が必要になります。

Ⅱ　所有権保存

1．建物の所有権保存登記

(1) 総説

　建物を新築した場合、所有者からその建物の登記を申請しないとその不動産についての登記記録は存在しません。そこで、どのような手続きが必要かというと、まずは、建物の表示に関する登記を申請することになります。建物の表示に関する登記事項とは、建物の所在・地番、家屋番号、建物の種類、構造、床面積、名称等になります。この登記をしただけでは、所有権等を公示したことにはなりません。

　所有権を公示するためにする最初の登記を、所有権保存登記といいます。不動産の原始取得者は対抗力の問題は生じませんが、承継取得者は登記しないと第三者にその権利を対抗することはできません。

(2) 申請適格者

　「所有権の保存の登記は、次に掲げる者以外の者は、申請することができない。
　1．表題部所有者又はその相続人その他の一般承継人
　2．所有権を有することが確定判決によって確認された者
　3．収用によって所有権を取得した者」（法74条1項）

　建物は新築された場合、又は既存の建物が未登記の場合に、建物の状況を明らかにするために表示の登記をします。この登記は所有者が申請して、表題部に所有者として名前が記載されます。ここに名前の記載のある者を表題部所有者とよんでいます。

　所有権保存登記は、一般的には表題部所有者が申請し、自分の権利を公示します。しかし、表題部所有者が保存登記をする前に死亡してしまった場合、その相続人は自己の名前で所有権保存の登記をすることがで

きます。不動産登記法は一般承継人は保存登記の申請適格があるとしていますが、売買等による特定承継人には申請適格がありませんので、自己の名前で保存登記を申請することはできません。

(3) 登記申請
＜書式46＞

登 記 申 請 書

登記の目的　　所有権保存　※1

所 有 者　　東京都〇〇区〇〇丁目〇番〇号
　　　　　　　〇〇〇〇連合会
　　　　　　　理　事　〇　〇　　〇　〇　※2

添付書類
　　　　住所証明書　※3　　代理権限証書　※4

平成　　年　　月　　日　法74条1項1号申請　東京法務局　※5

代 理 人　　東京都〇〇区〇〇町〇丁目〇番〇号
　　　　　　　司法書士　〇　〇　　〇　〇
　　　　　　　電話番号　　　　　　　　　　※6

課税価格　　金　　　　円　※7

登録免許税　　金　　　　円　※8

不動産の表示　※9
　　所　　　在　　〇〇区〇〇丁目〇番地〇号
　　家 屋 番 号　　〇番〇号
　　種　　　類　　居宅
　　構　　　造　　鉄筋コンクリート造2階建
　　床 面 積　　〇階　〇〇㎡
　　　　　　　　　〇階　4〇〇㎡
　　　　　　　不動産価格　金　　　　円

　　　　　　　　　　　　司法書士　〇　〇　　〇　〇

<注釈>
※1　登記の目的を記載します。
※2　所有者として、住所氏名を記載します。所有者が法人の場合は、本店所在地、商号、代表者の資格・氏名を記載します。
※3　新たに登記名義を取得する人の住所を証する書面として、個人の場合は住民票又は戸籍の附票を、法人の場合は会社謄本等を添付します。
※4　代理権を証する書面として、法人の代表者の資格を証する書面（謄本等）及び代理人への委任状を添付します。
※5　申請年月日、所有権保存の申請人適格の根拠条文、申請法務局名を記載します。
※6　代理人による申請の場合は、代理人の住所、氏名、連絡先を記載します。
※7　課税価格を記載します。課税価格は、固定資産税評価証明書に記載のあるその年度の価格を記載します。建物の所有権保存の場合で、新築のためまだ価格がでていない場合は、新築建物等価格認定基準表で計算します。
※8　所有権保存登記の登録免許税は、課税価格の4／1000になります。
※9　不動産を特定するため、不動産の表示を記載します。

<書式47>

委　任　状　　㊞

　　　　　　東京都〇〇区〇〇町〇丁目〇番〇号
　　　　　　　司法書士　〇　〇　　〇　〇

私は、上記の者を代理人と定め下記事項に関する一切の権限を委任する。

記

1. 後記物件に対し、所有権保存の登記を申請する一切の件
　　所　有　者　　〇〇〇〇連合会

1. 上記登記申請に係る登記識別情報受領に関する一切の件　　※1

不動産の表示
　　〇〇区〇〇丁目〇番地〇号
　　家屋番号　〇番〇号の建物

　　　　　　　　　　　　　　　　　　　平成　年　月　日

　　　　　　　東京都〇〇区〇〇丁目〇番〇号
委任者　　　〇〇〇〇連合会
　　　　　　　理　事　〇　〇　　〇　〇　　㊞

※1　登記識別情報受領に関しても委任状に記載しないと、登記完了後に代理人が登記識別情報を受領することができません。

2. 区分建物の所有権保存登記

(1) 総説

　区分建物とは、いわゆる分譲マンションのことで、建物の区分所有等に関する法律には、「一棟の建物に構造上区分された数個の部分で独立して住居、店舗、事務者又は倉庫その他建物としても用途に供することができるものがあるときは、その各部分は、この法律に定めるところにより、それぞれ所有権の目的とすることができる。」（第1条）とあります。本来不動産1つにつき1つの登記記録をそなえるものですが、区分建物については各部屋ごとに区分して登記記録をそなえることができます。また、土地と建物は別々の不動産ですが、区分建物につき敷地権化の登記がされていると、区分建物の登記記録に敷地権たる土地の権利も一緒に記載されることになります。これは敷地権と区分建物の一体化を原則とし、別個の取り扱いを避ける趣旨です。

(2) 申請適格者

　「区分建物にあっては、表題部所有者から所有権を取得した者も、前項の登記を申請することができ」ます（法第74条2項前段）。「この場合において、当該建物が敷地権付き区分建物であるときは、当該敷地権の登記名義人の承諾を得なければな」りません（同後段）。一体化している区分建物については、各建物の所有権の移転は同時に敷地権の所有権移転の効果があるので、実質登記義務者である敷地権登記名義人の承諾が必要になります。

(3) 登記申請

<書式48>

登 記 申 請 書

登記の目的　　所有権保存　※１

原　　因　　平成　年　月　日売買　※２

所　有　者　　東京都○○区○○丁目○番○号
　　　　　　　　　○○○○連合会
　　　　　　　　　　理　事　○　○　　○　○　※３

添付書類
　　登記原因証明情報　※４　　承諾書　※５
　　住所証明書　※６　　代理権限証書　※７

平成　年　月　日　法７４条２項申請　東京法務局　※８

代　理　人　　東京都○○区○○町○丁目○番○号
　　　　　　　　司法書士　○　○　　○　○
　　　　　　　　電話番号　　　　　　　　　　※９

課税価格　　建　　　物　金　　　　　円
　　　　　　所有権敷地権　金　　　　　円　※１０

登録免許税　建　　　物　金　　　　　円
　　　　　　所有権敷地権　金　　　　　円
　　　　　　合　　　計　金　　　　　円　※１１

不動産の表示　※１２
　一棟の建物の表示
　　　所　　　在　○○区○○丁目○番地○
　　　建物の番号　○○○○○

　専有部分の建物の表示
　　　家屋番号　　○○丁目○番○合
　　　建物の番号　○○○
　　　種　　類　　居宅
　　　構　　造　　○○○○造１階建
　　　床　面　積　○階部分　○○㎡
　　　　　　　不動産価格　金

Ⅱ　所有権保存　　103

敷地権の表示
　　　　所在及び地番　　〇〇区〇〇丁目〇番〇
　　　　地　　　目　　　宅地
　　　　地　　　積　　　〇〇〇〇㎡
　　　　敷地権の種類　　所有権
　　　　敷地権の割合　　１０００分の１
　　　　　　　　　　不動産価格　金　　　　　円

　　　　　　　　　　　　　　　　　　　司法書士　　〇　〇　　〇　〇

<注釈>
※１　登記の目的を記載します。
※２　所有権を取得した年月日及び原因を記載します。
※３　所有者として、住所氏名を記載します。所有者が法人の場合は、本店所在地、商号、代表者の資格・氏名を記載します。
※４　所有権を取得した原因を証する書面として登記原因証明情報（売買契約書等）を添付します。登記のためにのみ作成された登記原因証明情報については、原本還付はできません。
※５　実質登記義務者の性格を有する敷地権登記名義人の承諾書を添付します。
※６　新たに登記名義を取得する人の住所を証する書面として、個人の場合は住民票又は戸籍の附票を、法人の場合は会社謄本等を添付します。
※７　代理権を証する書面として、法人の代表者の資格を証する書面（謄本等）及び代理人への委任状を添付します。
※８　申請年月日、所有権保存の申請人適格の根拠条文、申請法務局名を記載します。
※９　代理人による申請の場合は、代理人の住所、氏名、連絡先を記載します。
※10　課税価格を記載します。課税価格は、固定資産税評価証明書に記載のあるその年度の価格を記載します。建物の所有権保存の場合で、新築のためまだ価格がでていない場合は、新築建物等価格認定基準表で計算します。なお、建物と敷地権で計算式が異なりますので、別々に記載する必要があります。
※11　区分建物の所有権保存登記の登録免許税は、建物につき課税価格の４／１０００、敷地権が売買による所有権の場合には２０／１０００（特例により、平成２１年３月31日までは１０／１０００）になります。
※12　不動産を特定するため、不動産の表示を記載します。

<書式49>

承　諾　書

　後記建物につき不動産登記法第74条第2項の規定により平成　年　月　日売買を原因とする所有権保存登記を申請することを承諾します。

　　　　　　　　　　　　　　　　　　　　　平成　年　月　日

　　　　住　所　東京都○○区○○丁目○番○号

　　　　　　氏　名　○　○　　　○　○

東京都○○区○○丁目○番○号

　　　氏　名　○○○○連合会

　　　理　事　○　○　　　○　○様

　　　　　　　　　　　　　記

不動産の表示
　　○○区○○丁目○番地○
　　家屋番号　○○丁目○番○合の建物
　　敷地権　○○区○○丁目○番○の土地
　　　　所有権　1000分の1

<書式50>

㊞

委 任 状

　　　　　　　東京都○○区○○町○丁目○番○号
　　　　　　　司法書士　○　○　　○　○

私は、上記の者を代理人と定め下記事項に関する一切の権限を委任する。

記

1．後記物件に対し、所有権保存の登記を申請する一切の件
　　　原　　因　平成　年　月　日売買
　　　所　有　者　○○○○連合会

1．上記登記申請に係る登記識別情報受領に関する一切の件　※1

不動産の表示
　　○○区○○丁目○番地○
　　　家屋番号　○○丁目○番○合の建物
　　　敷地権　○○区○○丁目○番○の土地
　　　　　所有権　1000分の1

　　　　　　　　　　　　　　　　　　　　　平成　年　月　日

　　　　　　　東京都○○区○○丁目○番○号
委任者　　　　○○○○連合会
　　　　　　　理　事　　○　○　　○　○　　　　㊞

※1　登記識別情報受領に関しても委任状に記載しないと、登記完了後に代理人が登記識別情報を受領することができません。

Ⅲ　所有権移転

　所有権が移転する場合とは、売買、贈与等特定承継と相続、合併等包括承継の場合があります。ここでは、代表的な売買と相続について、解説します。

1．売買による所有権移転

　まず、売買による所有権移転ですが、売買とは、「当事者の一方がある財産を相手方に移転することを約し、相手方がこれにその代金を支払うことを約する」（民法第555条）ことによって成立する契約です。この売買契約で対象財産が不動産である場合、当事者間では、契約のみで所有権が移転しますが、第三者に対しては登記をしないと権利を主張することはできません。そのため、登記記録上の所有者AがBと売買契約後、登記申請前に第三者Cに対して同一不動産を売買等で移転する契約をし、その登記を先にすませてしまったら、最初に所有権を所得したBは、登記をしたCに権利を主張することはできません。この登記の性質を第三者対抗要件といいます（民法177条）。

<書式51>

登 記 申 請 書

登記の目的　　所有権移転　※１

原　　　因　　平成　年　月　日売買　※２

権　利　者　　東京都○○区○○丁目○番○号
　　　　　　　　　○○○○連合会
　　　　　　　　　理事　○○　　○○　※３

義　務　者　　東京都○○区○○丁目○番○号
　　　　　　　　　○○　　○○　※４

添付書類
　　　登記識別情報　※５　　　登記原因証明情報　※６
　　　住所証明書　※７　　　　印鑑証明書　※８
　　　代理権限証書　※９

平成　　年　　月　　日申請　東京法務局　※１０

代　理　人　　東京都○○区○○町○丁目○番○号
　　　　　　　　　司法書士　○○　　○○
　　　　　　　　　電話番号　　　　　　　※１１

課税価格　　　金　　　　万円　※１２

登録免許税　　金　　　　　円　※１３

不動産の表示　※１４
　　所　　　在　　○○区○○町○丁目
　　地　　　番　　○番○号
　　地　　　目　　宅地
　　地　　　積　　○○㎡
　　　　　　　　　不動産価格　金　　　　円

　　　　　　　　　　　　　司法書士　○○　　○○

<注釈>
※1　登記の目的を記載します。
※2　所有権を取得した年月日及び原因を記載します。
※3　所有権登記名義を取得する人（ここでは買主）を権利者として、住所氏名を記載します。権利者が法人の場合は、本店所在地、商号、代表者の資格・氏名を記載します。
※4　所有権登記名義を失う人（ここでは売主）を義務者として、住所氏名を記載します。義務者が法人の場合は、本店所在地、商号、代表者の資格・氏名を記載します。
※5　新法施行により、登記済証は廃止されましたが、オンライン指定庁になった最初の登記については、義務者が所有権登記名義人である場合、所有権登記名義を取得した際の登記済証（一般に権利証とよばれているもの）を添付します。所有権移転や抵当権設定の場合が該当します。オンライン指定庁で、オンライン指定後登記識別情報が交付されている場合は、登記識別情報の提供が必要になります。
※6　所有権を取得した原因を証する書面として登記原因証明情報（売買契約書等）を添付します。登記のためにのみ作成された登記原因証明情報については、原本還付はできません。
※7　新たに登記名義を取得する人の住所を証する書面として、個人の場合は住民票又は戸籍の附票を、法人の場合は会社謄本等を添付します。
※8　登記の真正を担保するため、登記義務者の印鑑証明書を添付します。
※9　代理権を証する書面として、法人の代表者の資格を証する書面（謄本等）及び代理人への委任状を添付します。
※10　申請年月日、申請法務局名を記載します。
※12　代理人による申請の場合は、代理人の住所、氏名、連絡先を記載します。
※13　課税価格を記載します。課税価格は、固定資産税評価証明書に記載のあるその年度の価格を記載します。
※14　売買による所有権移転登記の登録免許税は、課税価格の２０／１０００（特例により、土地の売買については、平成２１年３月３１日までは１０／１０００）になります。
※15　不動産を特定するため、不動産の表示を記載します。

＜書式52＞

登記原因証明情報

1．登記申請情報の要項
 （1）登記の目的　　所有権移転
 （2）登記の原因　　平成　年　月　日　売買
 （3）当　事　者　　権利者　　○○○○連合会
 　　　　　　　　　　義務者　　○　○　　○　○
 （4）不　動　産　　別紙のとおり

2．登記の原因となる事実又は法律行為
 （1）○　○　　○　○は、○○○○連合会に対し、平成　年　月　日、本件不動産を売った。
 （2）よって、本件不動産の所有権は、同日、○　○　　○　○から○○○○連合会に移転した。

平成　年　月　日　　東京法務局　御中

　上記内容のとおり相違なく、その証しとして本書を差し入れます。

　　　　　　　（売主）　東京都○○区○○丁目○番○号
　　　　　　　　　　　　　○　○　　○　○

　（買主）　東京都○○区○○丁目○番○号
　　　　　　○○○○連合会
　　　　　　理　事　○　○　　○　○様

不動産の表示
　　所　　　在　　○○区○○町○○丁目
　　地　　　番　　○番○号
　　地　　　目　　宅地
　　地　　　積　　○○㎡

<書式53>

委　任　状

㊞

　　　　　東京都○○区○○町○丁目○番○号
　　　　　司法書士　　○　○　　　○　○

私は、上記の者を代理人と定め下記事項に関する一切の権限を委任する。

記

1．後記物件に対し、所有権移転の登記を申請する一切の件
　　原　　因　　平成　　年　　月　　日売買
　　権　利　者　　○○○○連合会
　　義　務　者　　○　○　　○　○

1．上記登記申請に係る登記識別情報受領に関する一切の件　　※1

不動産の表示
　　○○区○○町○○丁目○番○号の土地

　　　　　　　　　　　　　　　　　　　　　平成　　年　　月　　日

　　　　　　　東京都○○区○○丁目○番○号
委任者　　　　○○○○連合会
　　　　　　　理　事　　○　○　　○　○　　　　㊞

※1　登記識別情報受領に関しても委任状に記載しないと、登記完了後に代理人が登記識別情報を受領することができません。

2. 相続による所有権移転

　個人が死亡すると相続が発生します。そして相続発生と同時に、被相続人の財産が包括的に相続人に移転します。相続財産に不動産があれば、その移転の登記が必要になります。

　相続には、法定相続人に相続する方法、法定相続人全員による遺産分割協議により相続する方法と、遺言書による相続等があります。登記を申請するには、相続人を確定させ、所定の書類をそろえることが必要になります。

　相続の場合、相続によって取得した法定相続分の所有権は民法177条の対抗要件の問題には該当しません。相続の登記をしなくてもその権利を第三者に対抗することができます。しかし、仮に遺産分割協議で相続人の一人が相続した場合で、その登記を申請する前に他の相続人が法定相続分（例えば持分2分の1）での登記をし、自分の持分を第三者に売却してしまったとすると、分割協議で相続した相続人はそのことをもって当該第三者に所有権を対抗することができなくなります。

<書式54>

登　記　申　請　書

登記の目的　　所有権移転　※１

原　　　因　　平成　　年　　月　　日相続　※２

相　続　人　　（被相続人　○　○　　　○　○）
　　　　　　　東京都○○区○○丁目○番○号
　　　　　　　　○　○　　　○　○　　※３

添 付 書 類
　　　　登記原因証明情報　※４　　住所証明書　※５
　　　　代理権限証書　※６

平成　　年　　月　　日申請　東京法務局　※７

代　理　人　　東京都○○区○○町○丁目○番○号
　　　　　　　　司法書士　○　○　　　○　○
　　　　　　　　電話番号　　　　　　　　　　　　※８

課 税 価 格　　金　　　　　　万円　※９

登録免許税　　金　　　　　　　円　※１０

不動産の表示　※１１
　　所　　　　在　　○○区○○町○○丁目
　　地　　　　番　　○番○号
　　地　　　　目　　宅地
　　地　　　　積　　○○㎡
　　　　　　　　　　不動産価格　金

　　　　　　　　　　　　司法書士　○　○　　　○　○

Ⅲ　所有権移転　113

<注釈>
※1　登記の目的を記載します。
※2　所有権を取得した年月日及び原因を記載します。
※3　所有権登記名義人たる被相続人を括弧書きで記載し、所有権登記名義を取得する人（ここでは相続人）の住所氏名を記載します。
※4　所有権を取得した原因を証する書面として登記原因証明情報（戸籍や遺産分割協議書等）を添付します。相続関係が複雑な場合は、相続関係説明図を添付する方法が一般的です。なお、戸籍は、被相続人の出生から死亡までの連続した戸籍と相続人の現在戸籍が必要になります。また、被相続人の登記簿上の住所と最終の住所のつながりの記載のある除住民票や戸籍の附票、遺産分割協議があった場合には、相続人全員の印鑑証明書も必要になります。
※5　新たに登記名義を取得する相続人の住所を証する書面として、住民票又は戸籍の附票を添付します。
※6　代理権を証する書面として、法人の代表者の資格を証する書面（謄本等）及び代理人への委任状を添付します。
※7　申請年月日、申請法務局名を記載します。
※8　代理人による申請の場合は、代理人の住所、氏名、連絡先を記載します。
※9　課税価格を記載します。課税価格は、固定資産税評価証明書に記載のあるその年度の価格を記載します。
※10　相続による所有権移転登記の登録免許税は、課税価格の4／1000になります。
※11　不動産を特定するため、不動産の表示を記載します。

<書式55>

　　　被相続人　○　○　　　○　○　　相続関係説明図

　　　　　　　　　　　　　　　　　作成者　○　○　　○　○

　　最後の本籍　　　東京都○○区○○丁目○番○号
　　最後の住所　　　東京都○○区○○丁目○番○号
　　登記簿上の住所　東京都○○区○○丁目○番○号

出生　昭和　　　年　　　月　　　日
死亡　平成　　　年　　　月　　　日

　　（被相続人）　○　○　　○　○
　　　　　　　　　　　　　　住所　東京都○○区○○丁目○番○号
　　　　　　　　　　　　　　出生　昭和　　　年　　　月　　　日
　　　　　　　　　　　　　（長男）　○　○　　○　○
　　　　　　　　　　　　　（分割）
（妻）　○　○　　○　○
（相続）
住所　東京都○○区○○丁目○番○号
出生　昭和　　　年　　　月　　　日

　　　　　　　　　　　　| 相続・住所を証する書面は還付した |

Ⅲ　所有権移転　115

<書式56>

遺産分割協議書

共同相続人である私達は、次の相続について、下記のとおり遺産分割の協議をした。

　　　被相続人の最後の本籍　　東京都○○区○○丁目○番○号
　　　　　　　最後の住所　　　東京都○○区○○丁目○番○号
　　　氏　　　名　　○　○　　　○　○

　　　　　相続開始の日　平成　　年　　月　　日

記

1．相続財産中、次の不動産については、○　○　　○　○　が相続する。
　　　所　　　在　　○○区○○町○○丁目
　　　地　　　番　　○番○号
　　　地　　　目　　宅地
　　　地　　　積　　○○㎡

以上の協議を証するため、この協議書を作成し、各自署名押印のうえ、各1通を保有するものとする。

　　　　　　　　　　　　　　　　　　　　　平成　　年　　月　　日

　　　住　所　東京都○○区○○丁目○番○号

　　　氏　名　○　○　　　○　○

　　　住　所　東京都○○区○○丁目○番○号

　　　氏　名　○　○　　　○　○

<書式57>

㊞

委 任 状

東京都○○区○○町○丁目○番○号
司法書士 ○ ○ 　 ○ ○

私は、上記の者を代理人と定め下記事項に関する一切の権限を委任する。

記

1．後記物件に対し、所有権移転の登記を申請する一切の件
　　原　　因　平成　年　月　日相続
　　相 続 人　（被相続人 ○ ○ 　 ○ ○）
　　　　　　　○ ○ 　 ○ ○

1．上記登記申請に係る登記識別情報受領に関する一切の件　　※1

不動産の表示
　　○○区○○町○○丁目○番○号の土地

　　　　　　　　　　　　　　　　　　　　平成　年　月　日

　　　　　住　所　東京都○○区○○丁目○番○号
　委任者
　　　　　氏　名　○ ○ 　 ○ ○　　　㊞

※1　登記識別情報受領に関しても委任状に記載しないと、登記完了後に代理人が登記識別情報を受領することができません。

Ⅳ　所有権登記名義人表示変更・更正

　「登記名義人の氏名若しくは名称又は住所についての変更の登記又は更正の登記は、登記名義人が単独で申請することができ」ます（法第64条）。権利に関する登記は、原則登記権利者と登記義務者との共同申請ですが、氏名や住所、法人の場合は商号、本店所在地に変更があったとしても、権利関係に変動をきたすわけではないので、登記名義人が単独で申請することができます。

<書式58>

登 記 申 請 書

登記の目的　所有権登記名義人表示変更　※１

原　　因　　平成　年　月　日主たる事務所移転　※２

変更後の事項　主たる事務所　東京都○○区○○丁目○番○号　※３

申　請　人　　東京都○○区○○丁目○番○号
　　　　　　　　○○○○連合会
　　　　　　　　理　事　○○　　○○　※４

添付書類
　　　　登記原因証明情報　※５　　代理権限証書　※６

平成　年　月　日申請　東京法務局　※７

代　理　人　　東京都○○区○○町○丁目○番○号
　　　　　　　　司法書士　○○　　○○
　　　　　　　　電話番号　　　　　　　　　　　※８

登録免許税　金１，０００円　※９

不動産の表示　※１０
　所　　在　　○○区○○町○○丁目
　地　　番　　○番○号
　地　　目　　宅地
　地　　積　　○○㎡

　　　　　　　　　　　　　司法書士　○○　　○○

<注釈>
※1 登記の目的を記載します。
※2 変更の場合は、変更の生じた年月日及び原因を記載します。更正の場合は、錯誤とのみ記載します。
※3 変更（更正）後の事項を記載します。
※4 登記名義人表示変更更正登記は、登記名義人の単独申請になりますので、所有権登記名義人の住所氏名を記載します。登記名義人が法人の場合は、本店所在地、商号、代表者の資格・氏名を記載します。
※5 登記原因を証する書面として、個人の氏名変更の場合には戸籍、住所移転の場合は住民票、法人の商号変更や本店移転の場合には履歴事項全部証明書等を添付します。
※6 代理権を証する書面として、法人の代表者の資格を証する書面（謄本等）や代理人への委任状を添付します。
※7 申請年月日、申請法務局名を記載します。
※8 代理人による申請の場合は、代理人の住所、氏名、連絡先を記載します。
※9 登記名義人表示変更の登録免許税は、不動産1個につき1000円になります。
※10 不動産を特定するため、不動産の表示を記載します。

<書式59>

㊞

委 任 状

東京都○○区○○町○丁目○番○号
　　司法書士　○　○　　○　○

私は、上記の者を代理人と定め下記事項に関する一切の権限を委任する。

記

1. 後記物件に対し、所有権登記名義人表示変更の登記を申請する一切の件

　　原　　因　平成　年　月　日主たる事務所移転

　　変更後の事項　主たる事務所　東京都○○区○○丁目○番○号

不動産の表示
　　○○区○○町○○丁目○番○号の土地

　　　　　　　　　　　　　　　　　　平成　年　月　日

　　　　　　東京都○○区○○丁目○番○号
委任者　　　○○○○連合会
　　　　　　理　事　　○　○　　○　○　　　㊞

Ⅴ 抵当権

1．抵当権概説

　抵当権とは、担保物権のひとつで、民法は抵当権の意義を「抵当権者は、債務者又は第三者が占有を移転しないで債務の担保に供した不動産について、他の債権者に先立って自己の債権の弁済を受ける権利を有する」（第369条）と規定しています。銀行からお金を借りるとき、不動産に担保として抵当権を設定する方法はよく利用されています。
　抵当権の被担保債権は金銭債権に限られず、物の引渡債権でも将来発生する予定の債権でもよいとされています。ただし、金銭債権に転化しうるものに限られます。

2．抵当権設定

　抵当権設定契約を結ぶとき、当事者は不動産所有者と債権者になります。債務者が必ずしも抵当権設定者である必要はありません。抵当権設定登記は、登記事項に絶対的記載事項と相対的記載事項とがあり、相対的記載事項は原因証書に記載があるときは、登記することを要します。各登記事項については、下記のとおりです。

・絶対的記載事項
　①登記の目的
　②登記原因及びその日付
　③債権額
　④債務者の表示
　⑤抵当権者の表示

・相対的記載事項
　①利息に関する定め
　②損害金に関する定め
　③債権に付された条件
　④民法370条但書の定め
　⑤抵当証券の定め等
　⑥権利消滅の定め

　また、抵当権は同一債権の担保として数個の不動産上に設定することができます。これを共同抵当権とよび、同時に設定することも、追加的に設定することも可能です。

＜書式60＞

登 記 申 請 書

登記の目的　　抵当権設定　※１

原　　　因　　平成　年　月　日金銭消費貸借
　　　　　　　平成　年　月　日設定　※２
債　権　額　　金　　　万円　※３
利　　　息　　年〇〇％（年３６５日の日割計算）　※４
損　害　金　　年〇〇％（年３６５日の日割計算）　※５

債　務　者　　東京都〇〇区〇〇丁目〇番〇号
　　　　　　　　　〇〇〇〇連合会　※６

抵 当 権 者　　東京都〇〇区〇〇町〇丁目〇番〇号
　　　　　　　　　株式会社〇〇銀行
　　　　　　　　　　支配人　〇　〇　　〇　〇
　　　　　　　　　（取扱店　〇〇支店）　※７

設　定　者　　東京都〇〇区〇〇丁目〇番〇号
　　　　　　　　　〇〇〇〇連合会
　　　　　　　　　　理　事　〇　〇　　〇　〇　※８

添 付 書 類
　　登記識別情報　※９　　　登記原因証明情報　※１０
　　印鑑証明書　※１１　　　代理権限証書　※１２

平成　年　月　日申請　東京法務局　※１３

代　理　人　　東京都〇〇区〇〇町〇丁目〇番〇号
　　　　　　　　　司法書士　〇　〇　　〇　〇
　　　　　　　　　電話番号　　　　　　　　　※１４

課 税 価 格　　金　　　　万円　※１５

登録免許税　　金　　　　円　※１６

不動産の表示　※１７
　　所　　　　在　　〇〇区〇〇町〇〇丁目
　　地　　　　番　　〇番〇号
　　地　　　　目　　宅地
　　地　　　　積　　〇〇㎡

　　　　　　　　　　　　　　　　　　　　　司法書士　　〇　〇　　〇　〇

<注釈>
※１　登記の目的を記載します。
※２　抵当権の被担保債権の発生した年月日及び原因、抵当権設定の年月日及び原因を記載します。
※３　抵当権が担保する債権額を記載します。
※４　利息を設定している場合は、利息を記載します。
※５　損害金を設定している場合には、損害金を記載します。
※６　抵当権の被担保債権の債務者の住所氏名を記載します。債務者が法人の場合は、本店所在地・商号を記載します。
※７　共同申請の一方の当事者として、抵当権の登記名義を取得する人（ここでは抵当権者）の住所氏名を記載します。抵当権者が法人の場合は、本店所在地、商号、代表者の資格・氏名を記載します。また、銀行の場合は、取扱支店を記載することができます。
※８　共同申請の一方の当事者として、抵当権の設定者（所有権の登記名義人がこれにあたります）の住所氏名を記載します。設定者が法人の場合は、本店所在地、商号、代表者の資格・氏名を記載します。
※９　新法施行により、登記済証は廃止されましたが、オンライン指定庁になった最初の登記については、義務者が所有権登記名義人である場合、所有権登記名義を取得した際の登記済証（一般に権利証とよばれているもの）を添付します。所有権移転や抵当権設定の場合が該当します。オンライン指定庁で、オンライン指定後登記識別情報が交付されている場合は、登記識別情報の提供が必要になります。
※10　抵当権設定の原因を証する書面として登記原因証明情報（抵当権設定契約書等）を添付します。登記のためにのみ作成された登記原因証明情報については、原本還付はできません。
※11　登記の真正を担保するため、登記義務者の印鑑証明書を添付します。
※12　代理権を証する書面として、法人の代表者の資格を証する書面（謄本等）及び代理人への委任状を添付します。
※13　申請年月日、申請法務局名を記載します。
※14　代理人による申請の場合は、代理人の住所、氏名、連絡先を記載します。
※15　課税価格を記載します。抵当権設定の課税価格は、債権額です。
※16　抵当権設定登記の登録免許税は、課税価格の４／１０００になります。
※17　不動産を特定するため、不動産の表示を記載します。

<書式61>

登記原因証明情報

1. 登記申請情報の要項
   (1) 登記の目的　　抵当権設定
   (2) 登記の原因　　平成　年　月　日金銭消費貸借
   　　　　　　　　　平成　年　月　日設定
   (3) 当事者　　　　抵当権者　株式会社○○銀行
   　　　　　　　　　設定者　　○○○○連合会
   (4) 不動産　　　　別紙のとおり

2. 登記の原因となる事実又は法律行為
   (1) 被担保債権
   　　　株式会社○○銀行は、○○○○連合会との間で、平成　年　月　日、下記の金銭消費貸借契約を締結し、株式会社○○銀行は、○○○○連合会に対し、本契約に基づく下記金銭を貸し渡した。
   　　　貸金額　　金　　　　万円
   　　　利　息　　年　　％（年３６５日の日割計算）
   　　　損害金　　年　　％（年３６５日の日割計算）
   　　　返済期日　平成　年　月　日
   (2) 抵当権の設定
   　　　○○○○連合会は、株式会社○○銀行との間で、平成　年　月　日、(1)記載の債権を被担保債権とする抵当権を、本件不動産に設定する旨を約した。

平成　年　月　日　　東京法務局　御中

　　上記内容のとおり相違なく、その証しとして本書を差し入れます。

　　　　　　　　　　　（設定者）　東京都○○区○○丁目○番○号
　　　　　　　　　　　　　　　　　○○○○連合会
　　　　　　　　　　　　　　　　　理事　○○　　○○

　（抵当権者）　東京都○○区○○町○丁目○番○号
　　　　　　　　株式会社○○銀行
　　　　　　　　支配人　○○　　○○様

不動産の表示
　所　在　　○○区○○町○○丁目
　地　番　　○番○号
　地　目　　宅地
　地　積　　○○㎡

<書式62>

㊞

委 任 状

東京都○○区○○町○丁目○番○号
司法書士　○　○　　○　○

私は、上記の者を代理人と定め下記事項に関する一切の権限を委任する。

記

1. 後記物件に対し、抵当権設定の登記を申請する一切の件
　　原　　因　　平成　年　月　日金銭消費貸借
　　　　　　　　平成　年　月　日設定
　　債 権 額　　金　　　　　円
　　利　　息　　年　　％（年３６５日の日割計算）
　　損 害 金　　年　　％（年３６５日の日割計算）
　　債 務 者　　東京都○○区○○丁目○番○号
　　　　　　　　○○○○連合会
　　抵当権者　　株式会社○○銀行　（取扱店　○○支店）
　　設 定 者　　○○○○連合会

1. 上記登記申請に係る登記識別情報受領に関する一切の件　　※１

1. 復代理人選任に関する一切の件

不動産の表示
　　○○区○○町○○丁目○番○号の土地

平成　年　月　日

委任者　　東京都○○区○○丁目○番○号
　　　　　○○○○連合会
　　　　　理　事　　○　○　　○　○　　㊞

※１　登記識別情報受領に関しても委任状に記載しないと、登記完了後に代理人が登記識別情報を受領することができません。

Ｖ　抵当権　　127

3．抵当権変更

　抵当権設定登記後、その内容に変更が生じた場合、抵当権の変更登記が必要になります。登記申請は、抵当権設定者と債権者との共同申請によるのが原則です。

<書式63>

登　記　申　請　書

登記の目的　　抵当権変更　※1

原　　　因　　平成　　年　　月　　日一部弁済　※2

変更する抵当権
　　　　　　　平成　　年　　月　　日受付第○○○○号　※3

変更後の事項　債権額　金　　　　万円　※4

権　利　者　　東京都○○区○○丁目○番○号
　　　　　　　　　○○○○連合会
　　　　　　　　　理　事　○○　　○○　※5

義　務　者　　東京都○○区○○町○丁目○番○号
　　　　　　　　　株式会社○○銀行
　　　　　　　　　支配人　○○　　○○　※6

添付書類
　　　登記識別情報　※7　　登記原因証明情報　※8
　　　代理権限証書　※9

平成　　年　　月　　日申請　東京法務局　※10

代　理　人　　東京都○○区○○町○丁目○番○号
　　　　　　　　　司法書士　○○　　○○
　　　　　　　　　電話番号　　　　　　　　　※11

登録免許税　　金1,000円　※12

V　抵当権　　129

不動産の表示 ※13
　　所　　　在　　○○区○○町○○丁目
　　地　　　番　　○番○号
　　地　　　目　　宅地
　　地　　　積　　○○㎡

　　　　　　　　　　　　　　　司法書士　　○　○　　○　○

<注釈>
※1　登記の目的を記載します。
※2　抵当権が変更した年月日及び原因を記載します。
※3　変更する抵当権を特定するため、抵当権設定時の受付年月日及び受付番号を記載します。
※4　変更後の事項を記載します。
※5　共同申請の一方の当事者（権利者）として、変更登記により利益を受ける人の住所氏名を記載します。権利者が法人の場合は、本店所在地、商号、代表者の資格・氏名を記載します。
※6　共同申請の一方の当事者（義務者）として、変更登記により不利益を受ける人の住所氏名を記載します。義務者が法人の場合は、本店所在地、商号、代表者の資格・氏名を記載します。
※7　新法施行により、登記済証は廃止されましたが、オンライン指定庁になった最初の登記については、登記義務者の権利取得時の登記済証を添付します。オンライン指定庁で、オンライン指定後登記識別情報が交付されている場合は、登記識別情報の提供が必要になります。
※8　抵当権変更の原因を証する書面として登記原因証明情報（抵当権変更契約書等）を添付します。登記のためにのみ作成された登記原因証明情報については、原本還付はできません。
※9　代理権を証する書面として、法人の代表者の資格を証する書面（謄本等）及び代理人への委任状を添付します。
※11　申請年月日、申請法務局名を記載します。
※12　代理人による申請の場合は、代理人の住所、氏名、連絡先を記載します。
※13　抵当権変更登記の登録免許税は、不動産1個につき1000円になります。
※14　不動産を特定するため、不動産の表示を記載します。

<書式64>

㊞

委　任　状

東京都○○区○○町○丁目○番○号
司法書士　○　○　　○　○

　私は、上記の者を代理人と定め下記事項に関する一切の権限を委任する。

記

1. 後記物件に対し、抵当権変更の登記を申請する一切の件
　　原　　因　　平成　　年　　月　　日一部弁済
　　変更する抵当権
　　　　　　　　平成　　年　　月　　日受付第○○○○号
　　変更後の事項　債権額　金　　　　万円
　　権　利　者　　○○○○連合会
　　義　務　者　　株式会社○○銀行

不動産の表示
　　○○区○○町○○丁目○番○号の土地

　　　　　　　　　　　　　　　　　　平成　　年　　月　　日

　　　　　　　東京都○○区○○丁目○番○号
　委任者　　　○○○○連合会
　　　　　　　理　事　　○　○　　○　○　　　㊞

4．抵当権移転

　抵当権の主体が変更した場合、抵当権の移転登記が必要になります。抵当権の被担保債権の譲渡や代位弁済があった場合のほか、抵当権者に相続や合併があった場合にも移転します。

<書式65>

登 記 申 請 書

登記の目的　　抵当権移転　※1

原　　因　　平成　年　月　日代位弁済　※2

移転する抵当権
　　　　　　　平成　年　月　日受付第○○○○号　※3

権　利　者　　東京都○○区○○町○丁目○番○号
　　　　　　　　　株式会社○○銀行
　　　　　　　　　支配人　○　○　　○　○
　　　　　　　　　（取扱店　○○支店）　※4

義　務　者　　東京都○○区○○町○丁目○番○号
　　　　　　　　　株式会社○○銀行
　　　　　　　　　支配人　○　○　　○　○　※5

添 付 書 類
　　　登記識別情報　※6　　　登記原因証明情報　※7
　　　代理権限証書　※8

平成　年　月　日申請　東京法務局　※9

代　理　人　　東京都○○区○○町○丁目○番○号
　　　　　　　　　司法書士　○　○　　○　○
　　　　　　　　　電話番号　　　　　　　　　　※10

課税価格　　金　　　　万円　※11

登録免許税　　金　　　　　円　※12

不動産の表示　※13
　　所　　　　在　　○○区○○町○○丁目
　　地　　　　番　　○番○号
　　地　　　　目　　宅地
　　地　　　　積　　○○㎡

　　　　　　　　　　　　　　　司法書士　　○　○　　○　○

<注釈>
※1　登記の目的を記載します。
※2　抵当権が移転した年月日及び原因を記載します。
※3　移転する抵当権を特定するため、抵当権設定時の受付年月日及び受付番号を記載します。
※4　共同申請の一方の当事者（権利者）として、抵当権の登記名義を取得する人（ここでは抵当権譲受人）の住所氏名を記載します。権利者が法人の場合は、本店所在地、商号、代表者の資格・氏名を記載します。また、銀行の場合は、取扱支店を記載することができます。
※5　共同申請の一方の当事者（義務者）として、抵当権の登記名義を失う人（ここでは抵当権譲渡人）の住所氏名を記載します。義務者が法人の場合は、本店所在地、商号、代表者の資格・氏名を記載します。
※6　新法施行により、登記済証は廃止されましたが、オンライン指定庁になった最初の登記については、移転する抵当権設定時の登記済証を添付します。オンライン指定庁で、オンライン指定後登記識別情報が交付されている場合は、登記識別情報の提供が必要になります。
※7　抵当権移転の原因を証する書面として登記原因証明情報（抵当権移転契約書等）を添付します。登記のためにのみ作成された登記原因証明情報については、原本還付はできません。
※8　代理権を証する書面として、法人の代表者の資格を証する書面（謄本等）及び代理人への委任状を添付します。
※9　申請年月日、申請法務局名を記載します。
※10　代理人による申請の場合は、代理人の住所、氏名、連絡先を記載します。
※11　課税価格を記載します。抵当権移転の課税価格は、債権額です。
※12　抵当権移転登記の登録免許税は、課税価格の2／1000になります。
※13　不動産を特定するため、不動産の表示を記載します。

＜書式66＞

登記原因証明情報

1．登記申請情報の要項
　（1）登記の目的　　　抵当権移転
　（2）登記の原因　　　平成　　年　　月　　日　代位弁済
　（3）移転する抵当権　平成　　年　　月　　日受付第○○○○号
　（4）当　事　者　　　権利者　　株式会社○○銀行
　　　　　　　　　　　　義務者　　株式会社○○銀行
　（5）不　動　産　　　別紙のとおり

2．登記の原因となる事実又は法律行為
　（1）被担保債務の第三者弁済
　　　　株式会社○○銀行は、本件抵当権の抵当権者である。
　　　　株式会社○○銀行は、株式会社○○銀行に対し、平成　　年　　月　　日、本件抵当権の被担保債務全額を弁済した。
　（2）弁済につき正当の利益のあること
　　　　株式会社○○銀行は、本件不動産の被担保債務の連帯保証人である。
　（3）抵当権の移転
　　　　よって、本件抵当権は、同日、株式会社○○銀行から株式会社○○銀行に移転した。

平成　　年　　月　　日　　東京法務局　御中

　上記内容のとおり相違なく、その証しとして本書を差し入れます。

　　　　　　　　　（義務者）　東京都○○区○○町○丁目○番○号
　　　　　　　　　　　　　　　株式会社○○銀行
　　　　　　　　　　　　　　　支配人　○　○　　　○　○

　　（権利者）　東京都○○区○○町○丁目○番○号
　　　　　　　　株式会社○○銀行
　　　　　　　　支配人　○　○　　　○　○様

不動産の表示
　　所　　在　　○○区○○町○○丁目
　　地　　番　　○番○号
　　地　　目　　宅地
　　地　　積　　○○㎡

<書式67>

㊞

委 任 状

　　　　　東京都○○区○○町○丁目○番○号
　　　　　　司法書士　○　○　　○　○

私は、上記の者を代理人と定め下記事項に関する一切の権限を委任する。

記

1．後記物件に対し、抵当権移転の登記を申請する一切の件
　　　原　　因　平成　年　月　　日代位弁済
　　　移転する抵当権
　　　　　　　　平成　年　月　　日受付第○○○○号
　　　権　利　者　株式会社○○銀行
　　　義　務　者　株式会社○○銀行

1．上記登記申請に係る登記識別情報受領に関する一切の件　　※1

不動産の表示
　　○○区○○町○○丁目○番○号の土地

　　　　　　　　　　　　　　　　　　　　平成　年　月　日

　　　　　本　店
　委任者　商　号
　　　　　代表者　　　　　　　　　　　　　　㊞

※1　登記識別情報受領に関しても委任状に記載しないと、登記完了後に代理人が登記識別情報を受領することができません。

5．抵当権抹消

　被担保債権の全額弁済、解除、放棄等により、抵当権も消滅するので、抵当権抹消登記が必要になります。申請は、抵当権登記名義人を登記義務者、抵当権設定者を登記権利者とする共同申請によります。

　抵当権の抹消を申請するに当たって、抵当権登記名義人の表示に変更があった場合、本来は変更登記を申請する必要がありますが、下記の場合には、その前提の変更登記を省略することができるとされています。

〈名変登記申請を省略できる場合〉

　①所有権以外の権利の抹消登記を申請する場合において

　②登記義務者について名変事由が存在するときでも

　③変更証明書を添付する場合

<書式68>

登 記 申 請 書

登記の目的　抵当権抹消　※１

原　　　因　平成　年　月　日弁済　※２

抹消すべき登記
　　　　　　平成　年　月　日受付第〇〇〇〇号　※３

権　利　者　東京都〇〇区〇〇丁目〇番〇号
　　　　　　〇〇〇〇連合会
　　　　　　理事　〇〇　〇〇　※４

義　務　者　東京都〇〇区〇〇町〇丁目〇番〇号
　　　　　　株式会社〇〇銀行
　　　　　　支配人　〇〇　〇〇　※５

添付書類
　　　　登記識別情報　※６　登記原因証明情報　※７
　　　　代理権限証書　※８

平成　年　月　日申請　東京法務局　※９

代　理　人　東京都〇〇区〇〇町〇丁目〇番〇号
　　　　　　司法書士　〇〇　〇〇
　　　　　　電話番号　　　　　　　　※１０

登録免許税　金１，０００円　※１１

不動産の表示　※１２
　　所　　在　〇〇区〇〇町〇〇丁目
　　地　　番　〇番〇号
　　地　　目　宅地
　　地　　積　〇〇㎡

　　　　　　　　　　　　　　司法書士　〇〇　〇〇

<注釈>
- ※1　登記の目的を記載します。
- ※2　抵当権の被担保債権の消滅した年月日及び原因記載します。
- ※3　抹消する抵当権を特定するため、抵当権登記名義取得時の受付年月日及び受付番号を記載します。
- ※4　共同申請の一方の当事者（権利者）として、抵当権の設定者（所有権の登記名義人がこれにあたります）の住所氏名を記載します。設定者が法人の場合は、本店所在地、商号、代表者の資格・氏名を記載します。
- ※5　共同申請の一方の当事者（義務者）として、抵当権者の住所氏名を記載します。抵当権者が法人の場合は、本店所在地、商号、代表者の資格・氏名を記載します。
- ※6　新法施行により、登記済証は廃止されましたが、オンライン指定庁になった最初の登記については、抵当権登記名義を取得した際の登記済証を添付します。オンライン指定庁で、オンライン指定後登記識別情報が交付されている場合は、登記識別情報の提供が必要になります。
- ※7　抵当権抹消の原因を証する書面として登記原因証明情報（弁済証書等）を添付します。登記のためにのみ作成された登記原因証明情報については、原本還付はできません。
- ※8　代理権を証する書面として、法人の代表者の資格を証する書面（謄本等）及び代理人への委任状を添付します。
- ※9　申請年月日、申請法務局名を記載します。
- ※10　代理人による申請の場合は、代理人の住所、氏名、連絡先を記載します。
- ※11　抵当権抹消登記の登録免許税は、不動産1個につき1000円になります。
- ※12　不動産を特定するため、不動産の表示を記載します。

<書式69>

登記原因証明情報

1．登記申請情報の要項
　（1）登記の目的　　抵当権抹消
　（2）登記の原因　　平成　　年　　月　　日　弁済
　（3）抹消すべき登記　平成　　年　　月　　日受付第〇〇〇〇号
　（4）当　事　者　　権利者　　〇〇〇〇連合会
　　　　　　　　　　　義務者　　株式会社〇〇銀行
　（5）不　動　産　　別紙のとおり

2．登記の原因となる事実又は法律行為
　　　〇〇〇〇連合会は、株式会社〇〇銀行に対し、平成　　年　　月　　日、本件抵当権の被担保債権全額を弁済した。

平成　　年　　月　　日　　東京法務局　御中

上記内容のとおり相違なく、その証しとして本書を差し入れます。

　　　　　　　　　（義務者）　　東京都〇〇区〇〇町〇丁目〇番〇号
　　　　　　　　　　　　　　　　株式会社〇〇銀行
　　　　　　　　　　　　　　　　支配人　〇　〇　　〇　〇

　（権利者）　東京都〇〇区〇〇丁目〇番〇号
　　　　　　　〇〇〇〇連合会
　　　　　　　理　事　〇　〇　　〇　〇様

不動産の表示
　　所　　在　　〇〇区〇〇町〇丁目
　　地　　番　　〇番〇号
　　地　　目　　宅地
　　地　　積　　〇〇㎡

<書式70>

㊞

委　任　状

　　　　東京都〇〇区〇〇町〇丁目〇番〇号
　　　　司法書士　〇　〇　　〇　〇

私は、上記の者を代理人と定め下記事項に関する一切の権限を委任する。

記

1．後記物件に対し、抵当権抹消の登記を申請する一切の件
　　原　　因　平成　年　月　　日弁済
　　抹消すべき登記
　　　　　　平成　年　月　　日受付第〇〇〇〇号
　　権　利　者　〇〇〇〇連合会
　　義　務　者　株式会社〇〇銀行

不動産の表示
　　〇〇区〇〇町〇丁目〇番〇号の土地

　　　　　　　　　　　　　　　　　平成　年　月　日

　　　　　　東京都〇〇区〇〇丁目〇番〇号
委任者　　　〇〇〇〇連合会
　　　　　　理　事　〇　〇　　〇　〇　　㊞

Ⅵ　根抵当権

1．根抵当権概要

　根抵当権とは、一定の範囲に属する不特定債権を、極度額の限度において担保する抵当権のことで、民法は根抵当権の意義を「抵当権は設定行為で定めるところにより、一定の範囲に属する不特定の債権を極度額の限度において担保するためにも設定することができる」（第398条の2第1項）と規定しています。

　普通抵当権との大きな違いは被担保債権の性質にあり、根抵当権の「担保すべき不特定の債権の範囲は、債務者との特定の継続的取引契約によって生ずるものその他債務者との一定の種類の取引によって生ずるものに限定して定めなければ」なりません（同第2項）。

　なお、特定債権であっても、不特定債権とあわせれば、根抵当権の被担保債権にすることができます。

2．根抵当権設定

　根抵当権の設定契約当事者は、普通抵当権の場合と一緒で、不動産所有者と債権者の契約になります。根抵当権設定登記の絶対的記載事項及び相対的記載事項は下記のとおりです。
・絶対的記載事項
　①登記の目的
　②登記原因およびその日付
　③極度額
　④債権の範囲
　⑤債務者
　⑥根抵当権者の表示

142　第Ⅱ部　不動産登記

・相対的記載事項
　①確定期日
　②民法370条但書の定め
　③権利消滅の定め

　根抵当権の場合も、同一債権の担保として数個の不動産上に根抵当権を設定することができます。共同根抵当権の場合、共同抵当権と異なり、共同である旨を登記しなくてはなりません。

<書式71>

登 記 申 請 書

登記の目的　　根抵当権設定　※1

原　　　因　　平成　年　月　日設定　※2

極 度 額　　金　　　　万円　※3

債権の範囲　　銀行取引　手形債権　小切手債権　※4

債 務 者　　東京都○○区○○丁目○番○号
　　　　　　　　　○○○○連合会　※5

根抵当権者　　東京都○○区○○町○丁目○番○号
　　　　　　　　　株式会社○○銀行
　　　　　　　　　支配人　○　○　　○　○　※6

設 定 者　　東京都○○区○○丁目○番○号
　　　　　　　　　○○○○連合会
　　　　　　　　　理　事　○　○　　○　○　※7

添付書類
　　登記識別情報　※8　　登記原因証明情報　※9
　　印鑑証明書　※10　　代理権限証書　※11

平成　年　月　日申請　東京法務局　※12

代 理 人　　東京都○○区○○町○丁目○番○号
　　　　　　　　　司法書士　○　○　　○　○
　　　　　　　　　電話番号　　　　　　　　　　※13

課税価格　　金　　　　万円　※14

登録免許税　　金　　　　円　※15

```
不動産の表示　※16
    所　　　在　　○○区○○町○○丁目
    地　　　番　　○番○号
    地　　　目　　宅地
    地　　　積　　○○㎡
```

　　　　　　　　　　　　　　　　司法書士　　○　○　　○　○

<注釈>
※1　登記の目的を記載します。
※2　根抵当権を設定した年月日及び原因を記載します。
※3　根抵当権が担保する極度額を記載します。
※4　根抵当権で担保する被担保債権の範囲を特定し、記載します。
※5　根抵当権の被担保債権の債務者の住所氏名を記載します。債務者が法人の場合は、本店所在地・商号を記載します。
※6　共同申請の一方の当事者として、根抵当権の登記名義を取得する人（ここでは根抵当権者）の住所氏名を記載します。根抵当権者が法人の場合は、本店所在地、商号、代表者の資格・氏名を記載します。
※7　共同申請の一方の当事者として、根抵当権の設定者（所有権の登記名義人がこれにあたります）の住所氏名を記載します。設定者が法人の場合は、本店所在地、商号、代表者の資格・氏名を記載します。
※8　新法施行により、登記済証は廃止されましたが、オンライン指定庁になった最初の登記については、義務者が所有権登記名義人である場合、所有権登記名義を取得した際の登記済証（一般に権利証とよばれているもの）を添付します。所有権移転や（根）抵当権設定の場合が該当します。オンライン指定庁で、オンライン指定後登記識別情報が交付されている場合は、登記識別情報の提供が必要になります。
※9　根抵当権設定の原因を証する書面として登記原因証明情報（根抵当権設定契約書等）を添付します。登記のためにのみ作成された登記原因証明情報については、原本還付はできません。
※10　登記の真正を担保するため、登記義務者の印鑑証明書を添付します。
※11　代理権を証する書面として、法人の代表者の資格を証する書面（謄本等）及び代理人への委任状を添付します。
※12　申請年月日、申請法務局名を記載します。
※13　代理人による申請の場合は、代理人の住所、氏名、連絡先を記載します。
※14　課税価格を記載します。根抵当権設定の課税価格は、極度額です。
※15　根抵当権設定登記の登録免許税は、課税価格の4／1000になります。
※16　不動産を特定するため、不動産の表示を記載します。

<書式72>

㊞

委　任　状

　　　　　　東京都○○区○○町○丁目○番○号
　　　　　　司法書士　○　○　　○　○

私は、上記の者を代理人と定め下記事項に関する一切の権限を委任する。

記

1. 後記物件に対し、根抵当権設定の登記を申請する一切の件
　　原　　　因　　平成　年　月　日設定
　　極　度　額　　金　　　　万円
　　債権の範囲　　銀行取引　手形債権　小切手債権
　　債　務　者　　東京都○○区○○丁目○番○号
　　　　　　　　　○○○○連合会
　　根抵当権者　　株式会社○○銀行
　　設　定　者　　○○○○連合会

1. 上記登記申請に係る登記識別情報受領に関する一切の件　　※1

不動産の表示
　　○○区○○町○○丁目○番○号の土地

　　　　　　　　　　　　　　　　　　　平成　年　月　日

　　　　　　東京都○○区○○町○丁目○番○号
委任者　　　株式会社○○銀行
　　　　　　支配人　○　○　　○　○　　　　㊞

※1　登記識別情報受領に関しても委任状に記載しないと、登記完了後に代理人が登記識別情報を受領することができません。

3. 根抵当権変更

　根抵当権の変更には、債権の範囲の変更、債務者の変更、極度額の変更などがあり、その変更内容によってできる時期とできない時期があります。その基準になるのが元本確定です（下記参照）。根抵当権は極度額の限度で不特定債権を担保しますが、元本確定をもって被担保債権は特定され、その性質が変わります。確定前に否定された付従性、随伴性が確定によって肯定され、普通抵当権に近い性質になります。

変更事由	確定前	確定後
債権の範囲の変更	可	不可
債務者の変更	可	不可
免責的債務引受・重畳的債務引受	不可	可
確定期日の変更	可	不可
優先の定めの設定・変更	可	不可
極度額の変更	可	可
極度額減額請求	不可	可

<書式73>

登　記　申　請　書

登記の目的　　根抵当権変更　※1

原　　因　　平成　年　月　日変更　※2

変更する根抵当権
　　　　　　平成　年　月　日受付第〇〇〇〇号　※3

変更後の事項　債権の範囲
　　　　　　銀行取引　手形債権　小切手債権　保証取引　※4

権　利　者　　東京都〇〇区〇〇町〇丁目〇番〇号
　　　　　　　株式会社〇〇銀行
　　　　　　　代表取締役　〇　〇　　〇　〇　※5

義　務　者　　東京都〇〇区〇〇丁目〇番〇号
　　　　　　　〇〇〇〇連合会
　　　　　　　理　事　〇　〇　　〇　〇　※6

添付書類
　　登記識別情報　※7　　登記原因証明情報　※8
　　印鑑証明書　※9　　　代理権限証書　※10

平成　年　月　日申請　東京法務局　※11

代　理　人　　東京都〇〇区〇〇町〇丁目〇番〇号
　　　　　　　司法書士　〇　〇　　〇　〇
　　　　　　　電話番号　　　　　　　　　　※12

登録免許税　　金1,000円　※13

不動産の表示　※14
　　所　　　在　　○○区○○町○○丁目
　　地　　　番　　○番○号
　　地　　　目　　宅地
　　地　　　積　　○○㎡

　　　　　　　　　　　　　　　　　　司法書士　　○　○　　○　○

<注釈>
※1　登記の目的を記載します。
※2　根抵当権が変更した年月日及び原因を記載します。
※3　変更する根抵当権を特定するため、根抵当権設定時の受付年月日及び受付番号を記載します。
※4　変更後の事項を記載します。
※5　共同申請の一方の当事者（権利者）として、変更登記により利益を受ける人の住所氏名を記載します。権利者が法人の場合は、本店所在地、商号、代表者の資格・氏名を記載します。
※6　共同申請の一方の当事者（義務者）として、変更登記により不利益を受ける人の住所氏名を記載します。義務者が法人の場合は、本店所在地、商号、代表者の資格・氏名を記載します。
※7　新法施行により、登記済証は廃止されましたが、オンライン指定庁になった最初の登記については、登記義務者の権利取得時の登記済証を添付します。オンライン指定庁で、オンライン指定後登記識別情報が交付されている場合は、登記識別情報の提供が必要になります。
※8　根抵当権移転の原因を証する書面として登記原因証明情報（根抵当権変更契約書等）を添付します。登記のためにのみ作成された登記原因証明情報については、原本還付はできません。
※9　登記義務者が所有権登記名義人である場合には、所有権登記名義人の印鑑証明書を添付します。
※10　代理権を証する書面として、法人の代表者の資格を証する書面（謄本等）及び代理人への委任状を添付します。
※11　申請年月日、申請法務局名を記載します。
※12　代理人による申請の場合は、代理人の住所、氏名、連絡先を記載します。
※13　根抵当権変更登記の登録免許税は、不動産1個につき1000円になります。
※14　不動産を特定するため、不動産の表示を記載します。

<書式74>

委　任　状

㊞

東京都○○区○○町○丁目○番○号
　司法書士　○　○　　○　○

　私は、上記の者を代理人と定め下記事項に関する一切の権限を委任する。

記

1．後記物件に対し、根抵当権変更の登記を申請する一切の件
　　原　　因　　平成　年　月　日変更
　　変更する根抵当権
　　　　　　　平成　年　月　日受付第○○○○号
　　変更後の事項　債権の範囲
　　　　　　　銀行取引　手形債権　小切手債権　保証取引
　　権　利　者　　株式会社○○銀行
　　義　務　者　　○○○○連合会

不動産の表示
　　○○区○○町○○丁目○番○号の土地

　　　　　　　　　　　　　　　　　　平成　年　月　日

　　　　　　　東京都○○区○○町○丁目○番○号
　委任者　　　株式会社○○銀行
　　　　　　　支配人　　　○　○　　○　○　　㊞

4．根抵当権移転

　根抵当権について主体が変更した場合は、移転登記が必要になります。普通抵当権の移転と共通の移転事由のほか、根抵当権に特有の移転として、全部譲渡、一部譲渡、分割譲渡、共有者の権利移転の場合があり、これらはいずれも元本確定前にのみ可能な登記になります。

　また、元本確定前に根抵当権者又は債務者に相続が開始した場合に根抵当権に及ぼす影響ですが、原則は相続開始の6カ月の経過により相続時にさかのぼって、被相続人の相続開始当事の債権債務のみに確定します。

　しかし、相続人が引き続き根抵当権の内容を確定前の状態で引き継ぐ場合、相続開始の6カ月内に合意の登記をすれば、確定せず、被担保債権は被相続人の相続開始当時の債権債務のほか、指定根抵当権者・指定債務者の相続開始後の債権債務を被担保債権にすることが可能です。

移転・処分事由	確定前	確定後
全部譲渡	可	不可
一部譲渡	可	不可
分割譲渡	可	不可
共有者の権利移転	可	不可
順位変更	可	可
転抵当	可	可
根抵当権の譲渡・放棄	不可	可
順位の譲渡・放棄	不可	可
債権譲渡による根抵当権移転	不可	可
代位弁済による根抵当権移転	不可	可
被担保債権の質入	可	可
被担保債権の差押	可	可

<書式75>

登　記　申　請　書

登記の目的　　２番根抵当権移転　※１

原　　　因　　平成　　年　　月　　日譲渡　※２

権　利　者　　東京都○○区○○丁目○番○号
　　　　　　　　○○○○連合会
　　　　　　　　理　事　○　○　　　○　○　※３

義　務　者　　東京都○○区○○丁目○番○号
　　　　　　　　○○○○連合会
　　　　　　　　理　事　○　○　　　○　○　※４

添付書類
　　　登記識別情報　※５　　　登記原因証明情報　※６
　　　承諾書　※７　　　　　　代理権限証書　※８

平成　　年　　月　　日申請　東京法務局　※９

代　理　人　　東京都○○区○○町○丁目○番○号
　　　　　　　　司法書士　○　○　　○　○
　　　　　　　　電話番号　　　　　　　　　※１０

課税価格　　　金　　　　　万円　※１１

登録免許税　　金　　　　　円　※１２

不動産の表示　※１３
　　所　　在　　○○区○○町○○丁目
　　地　　番　　○番○号
　　地　　目　　宅地
　　地　　積　　○○㎡

　　　　　　　　　　　　司法書士　○　○　　○　○

<注釈>
※1 登記の目的を記載します。順位番号で根抵当権を特定するか、受付番号で根抵当権を特定します。
※2 根抵当権が移転した年月日及び原因を記載します。
※3 共同申請の一方の当事者（権利者）として、根抵当権の登記名義を取得する人（ここでは抵当権譲受人）の住所氏名を記載します。権利者が法人の場合は、本店所在地、商号、代表者の資格・氏名を記載します。また、銀行の場合は、取扱支店を記載することができます。
※4 共同申請の一方の当事者（義務者）として、根抵当権の登記名義を失う人（ここでは抵当権譲渡人）の住所氏名を記載します。義務者が法人の場合は、本店所在地、商号、代表者の資格・氏名を記載します。
※5 新法施行により、登記済証は廃止されましたが、オンライン指定庁になった最初の登記については、移転する根抵当権設定時の登記済証を添付します。オンライン指定庁で、オンライン指定後登記識別情報が交付されている場合は、登記識別情報の提供が必要になります。
※6 根抵当権移転の原因を証する書面として登記原因証明情報（根抵当権移転契約書等）を添付します。登記のためにのみ作成された登記原因証明情報については、原本還付はできません。
※7 根抵当権設定者の承諾書を添付します。
※8 代理権を証する書面として、法人の代表者の資格を証する書面（謄本等）及び代理人への委任状を添付します。
※9 申請年月日、申請法務局名を記載します。
※10 代理人による申請の場合は、代理人の住所、氏名、連絡先を記載します。
※11 課税価格を記載します。根抵当権移転の課税価格は、債権額です。
※12 抵当権移転登記の登録免許税は、課税価格の２／１０００になります。
※13 不動産を特定するため、不動産の表示を記載します。

<書式76>

㊞

委　任　状

　　　　　東京都○○区○○町○丁目○番○号
　　　　　司法書士　○○　　○○

私は上記の者を代理人と定め、次の登記申請に関する一切の権限を委任します。

記

1．後記物件に対し、2番根抵当権移転の登記を申請する一切の件
　　原　　因　　平成　年　月　日譲渡
　　権　利　者　株式会社○○銀行
　　義　務　者　株式会社○○銀行

1．上記登記申請に係る登記識別情報受領に関する一切の件　　※1

1．復代理人選任に関する一切の件

不動産の表示
　　○○区○○町○○丁目○番○の土地

　　　　　　　　　　　　　　　　　平成　年　月　日

　　　　　　東京都○○区○○丁目○番○号
委任者　　　○○○○連合会
　　　　　　理事　○○　　○○　　　　㊞

※1　登記識別情報受領に関しても委任状に記載しないと、登記完了後に代理人が登記識別情報を受領することができません。

5．根抵当権抹消

　根抵当権はいくつかの事由の発生で消滅します。確定債権の弁済による場合、前提として元本が確定していることが必要になりますので、登記記録上元本の確定が明らかでないときは根抵当権の弁済による抹消登記の前提として、元本確定登記を申請しなくてはなりません。

<書式77>

登　記　申　請　書

登記の目的　　〇番根抵当権抹消　※１

原　　　因　　平成　年　月　日解除　※２

権　利　者　　東京都〇〇区〇〇丁目〇番〇号
　　　　　　　　　〇〇〇〇連合会
　　　　　　　　　理事　〇〇　〇〇　※３

義　務　者　　東京都〇〇区〇〇町〇丁目〇番〇号
　　　　　　　　　株式会社〇〇銀行
　　　　　　　　　代表取締役　〇〇　〇〇　※４

添付書類
　　登記識別情報　※５　　登記原因証明情報　※６
　　代理権限証書　※７

平成　年　月　日申請　東京法務局　※８

代　理　人　　東京都〇〇区〇〇町〇丁目〇番〇号
　　　　　　　　　司法書士　〇〇　〇〇
　　　　　　　　　電話番号　　　　　　　　　※９

登録免許税　　金１，０００円　※１０

不動産の表示　※１１
　　所　　在　　〇〇区〇〇町〇丁目
　　地　　番　　〇番〇
　　地　　目　　宅地
　　地　　積　　〇〇㎡

　　　　　　　　　　　　　　司法書士　〇〇　〇〇

<注釈>
※1 登記の目的を記載します。
※2 根抵当権の被担保債権の消滅した年月日及び原因、根抵当権が確定していなければ根抵当権そのものの消滅原因を記載します。
※3 共同申請の一方の当事者（権利者）として、根抵当権の設定者（所有権の登記名義人がこれにあたります）の住所氏名を記載します。設定者が法人の場合は、本店所在地、商号、代表者の資格・氏名を記載します。
※4 共同申請の一方の当事者（義務者）として、根抵当権者の住所氏名を記載します。抵当権者が法人の場合は、本店所在地、商号、代表者の資格・氏名を記載します。
※5 新法施行により、登記済証は廃止されましたが、オンライン指定庁になった最初の登記については、根抵当権登記名義を取得した際の登記済証を添付します。オンライン指定庁で、オンライン指定後登記識別情報が交付されている場合は、登記識別情報の提供が必要になります。
※6 根抵当権抹消の原因を証する書面として登記原因証明情報（解除証書等）を添付します。登記のためにのみ作成された登記原因証明情報については、原本還付はできません。
※7 代理権を証する書面として、法人の代表者の資格を証する書面（謄本等）及び代理人への委任状を添付します。
※8 申請年月日、申請法務局名を記載します。
※9 代理人による申請の場合は、代理人の住所、氏名、連絡先を記載します。
※10 根抵当権抹消登記の登録免許税は、不動産1個につき１０００円になります。
※11 不動産を特定するため、不動産の表示を記載します。

<書式78>

登記原因証明情報

1．登記申請情報の要項
　（1）登記の目的　　○番根抵当権抹消
　（2）登記の原因　　平成　年　月　日　解除
　（3）当　事　者　　住所
　　　　　　　　　　権利者　　○○○○連合会
　　　　　　　　　　住所
　　　　　　　　　　義務者　　株式会社○○銀行
　（4）不　動　産　　別紙のとおり

2．登記の原因となる事実又は法律行為
　　　○○○○連合会は、株式会社○○銀行との間で、平成　年　月　日、本件　根抵当権の設定契約を解除する旨を約した。

平成　年　月　日　東京法務局　御中

　上記内容のとおり相違なく、その証しとして本書を差し入れます。

　　　　　　　　　（義務者）　東京都○○区○○町○丁目○番○号
　　　　　　　　　　　　　　　株式会社○○銀行
　　　　　　　　　　　　　　　代表取締役　○　○　　　○　○

　（権利者）　東京都○○区○○丁目○番○号
　　　　　　　○○○○連合会
　　　　　　　理　事　○　○　　　○　○様

不動産の表示
　所　　在　　○○区○○町○○丁目
　地　　番　　○番○
　地　　目　　宅地
　地　　積　　○○㎡

<書式79>

㊞

委 任 状

東京都○○区○○町○丁目○番○号
司法書士　○　○　　○　○

　私は、上記の者を代理人と定め下記事項に関する一切の権限を委任する。

記

1. 後記物件に対し、○番根抵当権抹消の登記を申請する一切の件
   原　　因　　平成　年　月　日解除
   権　利　者　　○○○○連合会
   義　務　者　　株式会社○○銀行

不動産の表示
　　○○区○○町○○丁目○番○の土地

平成　年　月　日

東京都○○区○○丁目○番○号
委任者　　○○○○連合会
　　　　　理事　　○　○　　○　○　　㊞

VI　根抵当権　159

Q&A 付

生協の登記Q&A

Q1 従たる事務所の判断基準は？

A 「従たる事務所」とは、主たる事務所とは所在地と異にし、一定の範囲内で独自に当該協同組合の事業に属する取引を決定、施行し得る組織の実態を有するものをいいます。

Q2 監事の登記はできるのか？

A できません。

監事は登記事項ではありませんので、登記することはできません。

Q3 役員が任期中に、氏名や住所が変わった場合、変更の登記は必要か？

A 必要です。

役員のうち、代表理事についてはその氏名及び住所が登記事項になっていますので、消費生活協同組合法75条1項の規定より、変更登記が必要です。監事や代表権のない理事については、登記事項ではありませんので、変更があったとしても変更登記は必要ありません。

Q4 名称を変更して〇〇株式会社とすることはできるか？

A できません。

消費生活協同組合法3条では、名称中に消費生活協同組合若しくは生活協同組合又は消費生活協同組合連合会若しくは生活協同組合連合会という文字を使用しなくてはならないとしています。また商法18条で、会社でないものが株式会社等の会社たることを示す文字を使用することはできないと規定していますので、〇〇株式会社と名称変更することはできません。

Q5　事務所移転に認可は必要か？

A　不要です。

　消費生活協同組合法及びその施行規則で、事務所の所在地の変更については行政庁の認可は不要で、届出を行うこととされています。

Q6　組合員が加入又は脱退した場合、変更の登記は必要か？

Q6　出資の総額及び払込済み出資総額の変更登記を申請は変更の都度しなくてはならないのか？

A　一年に一度の登記でOKです。

　消費生活協同組合法75条2項で、出資の総口数及び払い込んだ出資の総額の変更の登記は、毎事業年度末現在により事業年度終了後主たる事務所の所在地においては4週間以内に、従たる事務所の所在地においては5週間以内にすることができるとしています。組合員の加入脱退が自由にできるので、その都度登記しなくてはならないとするのは迂遠であるので、一年に一度でいいとしているわけです。

Q7　生協が出資して会社を設立することはできるか？

A　可能です。

　消費生活協同組合法13条の2で、「組合は、組合に関係がある事業を行なうため必要であるときは、組合の目的及び他の法律の規定に反しない限り、他の法人又は団体に加入することができる。」としています。出資して会社を設立するということは、設立する会社（団体）に加入するということと同じと解されますので、結論は可能です。

Q8　出資一口の金額を減少する場合の手続きは？

A　総会で議決し、債権者保護手続きが必要。

　消費生活協同組合法49条で減資手続につき規定されています。総会の議決後2週間以内に財産目録及び貸借対照表を作成します。また、やはり2週間以内に債権者に対して異議があれば申し出るべき旨を公告し、さらに知れている債権者に対しては格別に催告しなくてはなり

ません。この申し出の期間は1カ月以上の期間で設定する必要があります。

　そして、期間内に異議を述べなかったら資本減少を承認したものとみなし、異議を述べたときは、組合は弁済し、若しくは相当の担保を供し、又はその債権者に弁済を受けさせることを目的として、信託会社若しくは信託業務を営む銀行に相当の財産を信託しなければなりません。ただし、出資一口の金額を減少したとしてもその債権者を害するおそれがないときはこの限りではありません。

Q9　定款の記載事項の変更を理事会ですることはできるか？
A　できない。
　消費生活協同組合法42条で、定款の変更は総会の特別議決事項とされています。これを理事会の議決ですることはできません。

不動産登記Q&A

Q1　不動産登記ってなに？
A　不動産登記とは、不動産（土地、建物及び工場等）に対する所有権、地上権、質権及び抵当権などの権利関係を公示するための制度です。ただし、登記をすることは法律上の義務ではありません。しかし、登記をしなければ、その権利関係について、当事者以外の他人には権利を主張することができないので、登記をしないことの不利益は受忍しなければならないことになります。

Q2　土地・建物を買ったのだけど、なにをすればいいの？
A　その建物が新築であれば、所有権保存登記をします。土地とすでに所有権の登記をされている建物であれば、所有権移転登記をします。

また、買ったとき以外に、贈与を受けた、交換した、債務の弁済に充てた等で、土地・建物について所有権が移転する場合にも、所有権移転登記をします。

Q3　引越し、結婚、離婚をした場合、なにをすればいいの？
A　引越しをして、住所移転の届出をした場合、結婚や離婚によって苗字が変わった場合は、登記名義人表示変更登記をする必要があります。登記名義人表示変更の登記は、「表示（住所・氏名、会社等であれば本店・商号）」が変わったときに必要になるものであり、所有者そのものが変わるような場合、例えば、土地の贈与を受けたり、遺産相続をした場合にする所有権移転登記とは異なります。

Q4　土地・建物の遺産を残して配偶者・親等が亡くなったら、なにをすればいいの？
A　所有権移転登記が必要になります。ただし、相続人に法定相続するのか、遺産分割協議により相続人のうちから特定の人が相続するのか問題になります。

Q5　ローンを完済して、担保を消したいのだけど、どうしたらいいの？
A　抵当権抹消登記が必要になります。完済すれば、抵当権者である銀行等の金融機関から抹消登記に必要な書類の交付を受けられるのが通常です。その際、「代表者事項証明書」と呼ばれる書面を一緒に受け取ることがありますが、この書面は発行日から3カ月以内が有効期間となっておりますので、書類の交付を受けましたら、早めに処理（司法書士へ依頼する等）することをお勧めします。

Q6　登記するのにはいくらかかるの？
A　登記をするには、登録免許税という税金がかかります。主な登録免許税は以下の通りです。

所有権保存：不動産価格 ×4／1000
相続による所有権移転登記：不動産価格 ×4／1000
売買、贈与等による所有権移転登記：不動産価格 ×20／1000（特例により土地の売買の場合は平成21年3月31日までは10／1000）
抵当権設定登記：債権額 ×4／1000
抵当権抹消登記、登記名義人表示変更：不動産の個数 ×1000円
　※ただし、専門家（司法書士等）へ依頼した場合は、報酬が別途にかかります。

Q7　権利証とはなに？

A　一般的に、権利証と呼ばれるものは、不動産の所有権を取得したときに交付される登記済証という書類のことです。また、これ以外に、抵当権の設定をした契約書で、登記を受けた法務局の押印がなされたもの等もそれに含まれます。不動産登記法改正前は、登記を受けた場合、必ず登記済証となる書類が交付されました。

平成17年の改正で登記済証の制度がなくなり、オンライン化した法務局（平成20年7月14日全法務局オンライン化）では登記識別情報が代わって交付されるようになりました。

Q8　登記識別情報とはなに？

A　オンライン指定において、登記の完了後に権利者に通知される12桁の英数字のことです。今回の改正で登記済証の廃止にともない導入された新しい制度です。

従来の登記済証と同様、不動産を売却したり担保に入れたりする場合、原則として、通知された登記識別情報を提供する必要があります。

Q9　権利証（登記済証）をなくしたり、登記識別情報を忘れたときはどうなるの？

A　権利証（登記済証）を無くしたときに、登記済証の提出が必要となる登記申請をする場合、例えば、不動産を売却したり、担保を設定又

は抹消する場合、今までは「保証書」と呼ばれる書類が必要になっていました。しかし、保証書制度は廃止されたため、代わって「事前通知制度」、「資格者代理人による本人確認情報の提供」制度がを利用することになります。

Q10 事前通知制度とはなに？
A 登記識別情報や登記済証を添付できない場合に、原則的にとられる手続きです。
　登記申請後、登記所が本人受取限定郵便で登記義務者に通知を発送し、通知を受けて本人が登記の申請が真実である旨を申し出ることによって登記がされます。

Q11 資格者代理人による本人確認情報の提供とはなに？
A 登記識別情報や登記済証を添付できない場合、登記申請の代理を業として行う司法書士等が本人確認情報を提供し、登記義務者が本人に間違えないことを確認することで、事前通知制度を省略することができます。

Q12 外国に住む人と不動産取引をする場合、何か問題はあるの？
A 外国在留の邦人の場合は、印鑑証明書の代わりに、領事館が発行または認証したサイン証明書が必要となり、住所証明書として、在留証明書が必要になります。
　外国籍を持つ人の場合は、国籍によって異なりますが、一般的に、サインも住所も公証人に証明してもらったものが、それぞれの代わりになります。

Q13 自分の未成年の子と売買契約や遺産分割協議をする場合、何か問題はあるの？
A この場合、利益相反取引となり、子のために特別代理人を選任する必要があります。未成年者保護を目的とする、民法の規定によるもの

で、親の都合で子の不動産を不当に評価して、子に不利益が及ぶのを防止するための制度です。

　この他にも、親の借入金を担保するために、子の不動産に抵当権を設定する場合や、会社社長個人名義の借り入れのために、会社名義の不動産を担保に入れる場合も利益相反取引となるため、特別代理人を裁判所に選任してもらったり、取締役会等で承認決議をする必要があります。

Q14 夫婦でマンションを購入した場合、持分はどのようにして決めればいいの？

A　夫婦の共同名義でマンションなどの不動産を購入した場合、基本的には、出資比率によって持分を決定します。例えば、3000万円のマンションを購入して、夫が2000万円、妻が1000万円を支払う場合は、持分の3分の2が夫、3分の1が妻の持分とします。また、妻が無収入である場合や、実際の債務負担比率よりも多く持分を有している場合例えば、妻が無収入で負担率もないにもかかわらず、持分2分の1ずつをもって登記したとすると、税務上、持分2分の1の贈与とみなされて、贈与税の対象となる場合があります。このような場合は、夫の単独所有名義にしたり、出資比率に応じた持分割合と更正することが考えられます。

相続に関するQ&A

Q1　法定相続人って何？

A　法定相続人とは、民法上で相続をすることができる権利のある人のことです。

①配偶者は常に相続人となります。

②そして配偶者と同順位で、子→親→兄弟姉妹の順に相続権が発生します。

③子が既に死亡している場合は、子の直系卑属（被相続人の孫・ひ孫等）が相続人になります。

④子が既に死亡していて、子の直系卑属もいない場合には親（被相続人の親。配偶者の親は含まれない）が相続人になります。

⑤親が既に死亡している場合にはその直系尊属（祖父母等）が相続人になります。

⑥直系卑属がおらず、直系尊属も誰もいない場合、兄弟姉妹が相続人となります。

⑦兄弟姉妹が既に死亡している場合には、その子（被相続人の甥姪。甥姪の子は相続人になれない）が相続人となります。

ちなみに離婚した配偶者や配偶者の連れ子には、養子縁組でもしていない限り相続権はありませんのでご注意下さい。

Q2　法定相続分って何？

A　法定相続分とは、各相続人が受け継げる遺産全体に対する相続分の基本的な割合のことです。

　具体的には以下のとおりです。

　　配偶者と子が相続人の場合　　　　配偶者1／2、子1／2
　　配偶者と直系尊属が相続人の場合　配偶者2／3、直系尊属1／3

配偶者と兄弟姉妹が相続人の場合　配偶者3／4、兄弟姉妹1／4

子・直系尊属・兄弟姉妹が数人あるときは各自の相続分は等しいものとされますので、上記の割合を按分します。（例えば、子供2人と配偶者が相続人の場合、子供2人が1／4ずつ、配偶者が1／2が法定相続分となります）

Q3　遺言について教えて下さい

A　遺言制度は被相続人の生前における最終の意思を尊重して死後にその実現を図る制度です。そのため、具体的に相続財産の帰属について遺言によって指定されている場合には、遺産分割協議をする必要はありません。

遺言には民法で厳格な方式が定められており、以下のとおり3種類のものがあります。

1　自筆証書遺言

遺言者本人がその全文・日付・氏名を自書し、捺印をするだけで作成できるという、最も手軽にできるものです。証人も必要ありませんので、密かに作成しておくこともできます。しかし、そのために偽造・変造・滅失・未発見のおそれがあり、また、方式違反により無効となりやすいものでもあります。

2　公正証書遺言

遺言者本人の口述に基づいて、証人2人以上の立会のもとで公証人が作成する遺言です。この方式では公証人が関与するため、方式違反によって無効となる可能性が極めて低く、遺言書の原本が公証人役場に厳重に保管されるため、偽造・変造・滅失等のおそれがありません。また、利害関係人は近くの公証役場に問い合わせれば遺言の存在の有無を確認することができ、遺言が作成された公証役場ではその閲覧をすることもできます。

やはり、安心で確実であるという理由からこの方式で遺言を作成されるのが望ましいと思われますが、公証人手数料（※）がかかってし

まいます。

3　秘密証書遺言

　遺言者が遺言書に署名・押印し、それに封印したものを公証人が認証することによって作成される遺言です。この方式では、遺言の内容を秘密にしておきたいような場合に利用されます。しかしながら、公証人が遺言の内容について関知していないために遺言の効力が問題にならないともいえず、手数料（※）もかかってくる等の理由により、あまり利用されていないようです。

　なお、自筆証書遺言と秘密証書遺言では、登記の有無とは関係なく裁判所で検認を受ける必要があります。封印がされているものは、開封自体を裁判所で行う必要もあります。この手続を経ないと、過料（5万円以内）を支払わなければならなくなる場合があります。

　※公証人手数料は財産をもらう人ごとに、その時価に応じて加算されます。

　詳しくはお近くの公証役場にお問い合わせ下さい。

Q4　遺留分って何？

A　遺留分とは、被相続人の財産のうち一定の範囲で相続人が最低限確保できる相続の割合のことをいいます。つまり、被相続人が第三者に全ての遺産を承継させるといった遺言を残した場合であっても、相続人は自分の遺留分を主張して、遺留分が保全されている限度まで遺贈の効力を消滅させること（遺留分減殺請求）ができるということです。遺留分を主張できるのは、法定相続人の中でも兄弟姉妹は除かれます。遺留分を主張できる限度としては、遺留分権利者が直系尊属だけである場合は、被相続人の財産の1／3であり、その他の場合は1／2となります。（例えば、子供2人と配偶者が相続人で子供の1人が遺留分減殺請求しようとした場合、法定相続分1／4×遺留分1／2で、1／8が主張できる遺留分ということになります）遺留分減殺請求権は、相続が開始され、遺留分が侵害されたという事実を知ったときか

ら1年以内に主張しないと時効になります。 なお、遺留分減殺請求の方法としては必ずしも裁判上でする必要はなく、書面でも口頭でも結構です。ただし、後にそのような意思表示があったかどうか争いにならないよう、内容証明郵便で送った方がいいでしょう。

Q5 相続放棄をしたい

A 相続が開始すると、原則として被相続人が持っていた財産だけでなく、債務（借金等）も承継することとなります。そのため、特に財産もないのに多くの借金を残して亡くなった人の相続人を救済する制度として、相続放棄という手続があります。相続放棄をすると、その人は初めから相続人でなかったこととなり、財産も負債も全て放棄することになります。

　手続としては、被相続人の死亡したことを知ってから3カ月以内に家庭裁判所に相続放棄の申述をしなければなりません。その申述受理の審判によって、相続開始の時に遡って相続放棄の効力が生じることとなります。相続放棄をしようとする者、あるいは相続放棄をした者が相続財産を処分してしまったり、被相続人の債務を弁済してしまった場合には相続放棄が認められなくなりますのでご注意下さい。

Q6 未成年の子の遺産分割協議はどうやるの？

A 遺産分割協議をする際に相続人の中に未成年者がいる場合には、未成年者は相続の為の法律行為は単独で行うことができませんので、代理人を立てる必要があります。通常は、未成年者の代理人としてその親が法律行為を行うのが一般的ですが、親も相続人の一人である場合には代理人にはなれません。親と子の利益が対立するため、適切な代理が期待できないからです。このようなときは、家庭裁判所に特別代理人を選任してもらう必要があります。そして、遺産分割のための協議にはこの特別代理人が出席することになります。特別代理人は、親類がなるケースが多いです。

[著者紹介]

井関　愛（いせき　あい）

略歴	平成10年 3 月	中央大学法学部政治学科卒業
	平成14年	司法書士試験合格
	平成14年12月	星野合同事務所入所
	平成15年12月	司法書士登録
	平成17年 5 月	星野合同事務所退所
	平成17年 6 月	くまのき司法書士事務所開設
	平成17年 9 月	簡裁訴訟代理関係業務認定試験合格
	平成18年 8 月	くまのき司法書士事務所移転

くまのき司法書士事務所
　〒108-0023　東京都港区芝浦3-4-2-1301
　TEL：03-6231-8720　FAX：03-6231-8721
　E-mail：ai-shoshi@bear.odn.ne.jp
　URL：http://kumanoki.com

［改訂版］　生協の登記手続の実務

［発行日］　2005年11月20日　1版1刷
　　　　　　2009年3月15日　2版1刷

［検印廃止］

［著　者］　井関　愛
［発行者］　品川尚志
［発行元］　日本生活協同組合連合会出版部
　　　　　　〒151-8913　東京都渋谷区渋谷3-29-8　コーププラザ
　　　　　　TEL．03-5778-8183

［発売元］　コープ出版(株)
　　　　　　〒151-8913　東京都渋谷区渋谷3-29-8　コーププラザ
　　　　　　TEL．03-5778-8050
　　　　　　www.coop-book.jp

［表紙・制作］　OVERALL
［印　刷］　日経印刷

Printed in Japan
本書の無断複写複製（コピー）は特定の場合を除き、著作者、出版者の権利侵害になります。
ISBN978-4-87332-281-0　　　　　　　　　　落丁本・乱丁本はお取り替えいたします。